30%効率アップ！

チームで取り組む業務改善マニュアル

中田 崇

産業能率大学出版部

はじめに

本書は、ワークシートを使い、チーム（特別の組織でない既存の課や係など）のミーティングで業務時間の「30% 削減」を目指すものです。

みなさんは、もっと早く帰りたいと思いませんか？
- 残業が多くてもう嫌だ
- 早く帰りたいのに仕事があって帰れない
- 育児・介護と仕事でクタクタだ、倒れかねない
- 忙し過ぎて職場が暗く、ギスギスしている
- このままでは身体を壊しかねない、先の出口も見えない

　本書は、こんな状態を一刻も早く直したいと願う人にぜひ読んでいただきたい内容です。毎日少しでも早く帰れるようになりたい。それは本書のワークシートを活用した「チーム（課、係）単位のミーティング」で、みんなが業務改善を学習し、実行することで、実際に「できる」のです。
　まさに「働き方改革の時間削減実践」といえます。

　本書のような「業務を改善しよう、残業をなくそう」といった書籍はさまざまに存在します。しかし、それらの書籍でポイントになるのは、業務時間の削減を「本当にできるのか」ということです。
　私は日本能率協会コンサルティングで 27 年間、その後 14 年間の計41 年間、数多くの会社で 30% 以上の時間削減を実践してきました（数社は目標が 20% でした）。そしてそれらは実現できています。（実現が難しそうなケースでは、会社に体制の強化をしてもらっています）。したがって「できるだけの材料（内容）」はあります。
　課題となるのは、これらの成功は「会社が本腰を入れて、全社的な体

制をしっかりつくり、業務改善の専門家が研修やフォロー活動を行って」できている点です。

　ここに本書は、これを全社でなく「チーム（課、係）」といった単位で、専門家の研修でなく「ミーティング方式」で何とか行えないかと考え、工夫したものです。

　なお、本書の業務改善の対象は、ホワイトカラー部門（本社、営業部門（ただし顧客訪問時間を除く）、技術部門、事務・情報センター、工場の管理間接部門）を想定しています（本書は業務の表現を基本としますが、人に付属した場合に仕事の表現を使っている個所があります。業務と特段の意味の違いは持たせていません）。

本書はなぜチーム（課、係）単位で業務改善を行うのか。

　上記の業務改善実績は、全社的な体制の下で実現できています。つまりそれは組織として決定し、覚悟を持って、しっかりした体制もつくるからできているのです。

　そしてここで重要なことは、実際に「全社的に行う決定・覚悟ができるか」という点です。というのも、全社的に行うからには失敗が許されません。したがってその成功に自信を持てなければなりません。この点が難しいのです。さらに会社には業務改善以外にも多くの行うべきことがありますから、「全社（すべての部署）が取り組める状態をつくれるか」という点も課題となります。

　そこで、この点を克服するために「チーム（課、係）単位」で業務改善を行えるように工夫したのです。

　まずはチームで業務改善を行い、それらが成功できれば、そのやり方に自信が得られ、さらに全社的にも取り組めます。また業務改善以外に行うべきことがあっても、準備の整ったチームから順次取り組むことができるのです。

一方で、チーム単位で業務改善に取り組む場合の問題点として挙げられるのが、業務改善の専門家が支援しにくいことです。つまり、専門家が研修を行うにも、チーム単位では研修を受講する人数が少なく効率（コストパフォーマンス）が悪いのです。

　本書はこの問題点を解消するために存在しています。

　本来であれば専門家が行う研修やフォロー活動の詳細な内容について、本書で解説し、ワークシート、記述要領、チームへの説明内容や進め方などを示し、チームリーダーの下にミーティングでできるようにしています。つまり、チームリーダーが内容を説明しやすいように、本書を使ってチームの仲間とミーティング方式で学習できるように配慮したのです。

　実際にチームで業務改善を実践するには、全社的な活動の強制力がないため「やり抜く強い決意」を持って、チームリーダー（または改善の事務局）がミーティングの準備、ミーティングの実施、ミーティング後のフォロー活動などの「時間を取って活動し、実際にやり抜く」ことが鍵になります。

　この点については、具体的に業務改善の各ステップで何を行わなければならないのか、それにどの程度の時間が必要なのか、などについて各章を見て、「腹をくくっていただく」必要があります。

そうはいっても、うまくミーティングを進め、ワークシートを使って業務改善を実践できるだろうか

　まさにこの点がポイントです。みんなが学びやすく、かつ学んだ内容を実践できるように業務改善のノウハウをまとめる必要があります。そこで本書では、業務改善のステップを区切って、そのステップごとに学ぶ内容としてのテキスト、ワークシート、記述要領、またミーティング

の進め方などを詳しく記述しました。ある範囲を決めて、その「範囲ごとに内容を学び、その場で実際に実践する」進め方にしたのです（ステップ別の「学習⇒実践」方式）。つまり、チームリーダーの下、一丸となって本書を活用して学習し、その場ですぐに実践することで、みんなが「内容を理解し実践できることを確認」するのです。

　なお、これらができるように、テキスト、ワークシート、記述要領、を付録として巻末に付けました。またミーティング時に出るかもしれない疑問や質問についても＜Q&A：疑問・質問とその考え方＞として、これまでのコンサルティング経験の中で多く出てきた視点についてまとめました。

　そして、各ステップを「間違いなく完了できる」ように、ミーティング後のフォロー活動についても、その進め方を詳しく紹介しました。

事務局（チームリーダーおよび支援する改善スタッフ）を置き、先に試行するのがよい

　業務改善の成功のためには、チームのみんながスムーズに実践できるようにサポートする事務局（チームリーダーおよび支援するメンバー〜改善スタッフと言う）を置くことが望まれます。つまりチームのメンバーも多様ですから、忙しさやこれまでの関係などから、チームリーダーに質問や相談をしにくいケースが出てくるかもしれないのです。そこで事務局としてそういう場合にもしっかりと対応し、応援することが重要になります（もちろんチームの人数が少ない場合には不要です）。

　そして事務局は先行して本書の内容を試行し、業務改善を実践してみることが大切です。というのも、本書での業務改善活動はステップごとに実践するのですが、みんなをサポートする事務局が「具体的にどう進めるのか」について実感を持ち、またそのステップの結果を次にどう使

うのかもわかった上で、説明でき、サポートできるからです。

　同時に、先に実践することで、どのくらい大変でどのくらい改善できるかなどを実感できるとともに、自分の業務時間を削減し活動の時間を生み出すことも可能になります（早く時間を生み出したい人は 3 章 2 節 4 を即、応用してみてください）。

　なお、それなら他の人も全員、書籍を使って自分自身でできないかとの考え方もあり得ますが、それは難しいでしょう。みんな、場所や時間が決まって、「きちんと説明を受けて実習する」という枠があるから実践できるのです。またみんなが集まって進めることで、相談し合ったり、改善案をお互いにアドバイスし合えるのです。改善案を見つけるには、これまでと異なる視点から検討することが重要であり、個人で進めるのはなかなか難しいのです。

本書は多くの「改善着眼」を整備し、30% の時間削減が可能なように工夫しました

　事務局（チームリーダー、改善スタッフ）の下に一丸となって、みんなで進められるとして、「30% も時間を削減できるのか」が次のポイントになります。

　業務改善手法では、小集団活動でのテーマ活動のように特定の業務やテーマを改善するタイプのもの（テーマ方式）と、すべての業務を対象に改善を検討していくもの（総点検方式）の 2 つが代表的なアプローチになります。前者のテーマ方式は、今や ICT 化が進み、少ない種類の業務を多くの人で行っているホワイトカラーの部署（チーム）は少ないため、大きな効果が見込めなくなっています。たとえばチームにそれなりに大きな時間の業務があったとしても、せいぜい全体の 2 ～ 3 割でしょう。とすると、この内の 30% を改善したとしても、全体では 6

〜9％にしかなりません。そこで本書は、すべての業務を改善の対象とし、業務時間全体の30％削減が可能な「総点検方式」を採用しています。

　この総点検方式の場合、対象となる業務の種類が多いために、これらに「どうしたら改善案を見つけられるか」が鍵になります。この点について41年間の改善経験から、改善案を見つけ出すための改善の見方（改善着眼）を、具体的かつ豊富にまとめたのが本書の特徴です。同時にこれらを多くの業務に当てはめられるように、業務をタイプに分け、それごとに適した改善着眼を整備したので改善案を見つけやすくなっています。また改善案が見つからない時に備え、業務以外の会議や資料作成などの「行動形態」、また業務を越える「流れ」についての改善着眼も補強しました。これら多くの改善着眼を活用することで、改善案を見つけることが可能なように工夫したのです。

　とは言え、いかに改善着眼があっても、実際に改善案を見つけるためには、これらを何度も業務に当てはめて考え抜く必要があります。ぜひともミーティングやその後の実践活動、またフォロー活動などをみんなで協力し合って行い、改善案を見つけてください。

　なお、本書は「チーム単位でできる」活動を主にしているため、業務改善手法については幾分簡略に記述している部分があります。30％改善のためにより詳しい内容を知りたい方は、「ホワイトカラーの業務改善」（中田崇著、日本能率協会マネジメントセンター、2017年）も合わせて見ていただけると幸いです。

　働き方改革の背景には、日本社会の「少子高齢化」課題があります。すでに15〜64歳での働く人は、全人口の5割弱（2018年データ）です。この人たち（内、正規雇用は2/3弱）で、自分自身と残りの50％の人を支えていかなければならないのです。これは働き方改革による女性や高齢者といった働く人の少々の増加では、まかなえるものでありません。働く人全員の業務をより価値の高いものに変えていく必要があります。

まさに「働く中身の改革」としての「業務改善」が急務なのです。

　ぜひ本書を活用され、一刻も早く全員の業務を改善してほしいものです。

＜補足：30％にこだわらずに「取り組むこと」を優先する場合＞

　本書は30％の改善効果時間を目指して全業務を改善するものですが、無理せずに「まずはみんなが改善に取り組む」ことを優先する進め方も考えられます。成果の大きさよりも負担の少ないことを優先し、業務改善の良さをわかってもらいたいケースなどです。

　この場合には、1章での業務項目リスト（業務体系表）を参考にして所要時間が大きそうで改善したい業務を数点選び、進めていくことになります。これだとミーティングの場のみで行え（みんなはミーティングに集まる負担のみ）、ミーティング後のフォロー活動は不要であり、各章の内容も簡易にして進められます。そしてこれらの業務で成功させた後、他の業務に展開していくことも可能です。業務時間全体の30％を生み出すためには二度手間となりますが、1つの進め方です。

1章

準備

　業務改善に成功するには、チームのみんなが「やろうと思い」「進め方に納得する」ことが不可欠です。そこで、「やろうという意欲がみなぎるような趣旨」と「なるほどと納得できる進め方」の立案が準備として大切になります。そしてこの２つを「推進計画書」としてまとめます。

　本章の内容に基づいて、ぜひとも「成功する計画」を立案し、成功させましょう。

1 「業務改善をなぜ行うのか」の立案

1 「業務改善をなぜ行うのか」を1人ひとりの ために設計する

　みなさんの仲間が過労で「取り返しのつかない病」に倒れでもしたら、一生悔いが残りませんか？　忙し過ぎて笑顔もなく、喜びの感じられないまま仕事に追われる日々を過ごしたいですか？

　みなさんがこんな状態にならないように業務改善を行いたいのです。

　心から「何としてもやろう」と思うからこそ物事は達成できるのであり、「やろう」という意欲がみなぎるような「業務改善をなぜ行うのか（取り組む背景・目的）」の立案こそ、成功の鍵です。

①自分のためになると思えることが重要

　「業務改善をなぜ行うのか」について具体的に考えてみましょう。

　「エーそんなこと働き方改革で残業減らせと言うからじゃないですか」とか、「会社の戦略実行のために人を出せ、この仕事やれと言われるため、改善しないと仕事が回らないからですよ」との答えが返ってくるかもしれません。

　しかし、このような「上からの命令」では1人ひとりはイヤイヤ行なうのであり、そんな気持ちでは業務改善の成功は難しいでしょう。というのも改善活動には手間（ある程度の時間）がかかりますが、イヤイヤでは「手抜き」になってしまうのでうまくいきません。とくに改善案を考えるのにイヤイヤでは、とても目標まで知恵は出ないでしょう。

　つまり業務改善は「自分のためになる」との思いをみんなが持ち（共通に認識し）、意欲に燃えて取り組むことではじめてできるのです。この「どうしたら自分のためと思えるのか」については、「忙しさの解消」「意

気に燃えて業務に取り組む」「能力向上」「組織風土づくり」の視点が大切になります。以下、詳しく見ていきましょう。

②「忙しさの解消」

　業務がどんなに大切でも、そのために健康を害しては何もなりません。一緒に働く仲間が病気（最悪、命にかかわる）になっては、それこそ悔いが残ります。また育児や介護などで大変な人も多く、多くの人が早く帰りたいと思っているのです。

　世の中では「働き方改革」が当たり前になっています。そしてその大きな柱の1つが長時間労働の是正です。もちろん健康確保のためにも、過剰な労働時間は削減しなければなりません。そしてそのためには「働き方」だけでなく、「働く中身としての業務」の改善が不可欠です。業務を改善（業務時間を削減）するから、「早く帰れる」のです。

　　　図表 1-1　　「業務改善をなぜ行うのか」の例①

（1）業務改善に取り組む背景 ～みんなが「早く帰れる」ように～
①みんなが「早く帰れる」ようにしたい
- すべては健康あってのことです。そこで、何としても今の「異常な忙しさ」を解消しなければなりません。こんな状態が続けば、それこそ身体を壊しかねません。
- 育児や介護などで大変な人もいます。忙しさを改善し少しでも早く帰れるようにしたいのです。

②仕事の手抜きをせずに、時間を短くする
- かといってお客様がいるのですから、仕事の手抜きはできません。そして人材の補充や外注利用は急にはできません。というのも人材補充や外注利用には費用がかかりますが、その費用を超える利益を出せる構造に変えていくのに時間がかかるのです。

・そこで、何としても今の仕事を効率化し、手抜きすることなく業務時間を短く（早く帰れるように）する業務改善が急務なのです。

(2) 業務改善の目的

> ### 残業時間削減（業務時間の削減）

（注）なお、いくら今改善しても、長期的には「人材を補充」していかなければなりません。そこで「そのための利益が出る構造」にしていく必要があり、今回の業務改善で生まれた時間で、まず「早く帰れる」ようにした上で、利益が出るための活動にも時間を割り振っていきます（別途、検討していきます）。

③「意気に燃えて」業務に取り組む

　私たち1人ひとりの目が輝き、イキイキと充実していないのでは、何とももったいない人生の損失です。そして、みんなが充実するためには、「意気に燃えて」業務に取り組むようにすることが大切です。

　有名な寓話があります。石切り職人に旅人が、「あなたは何をしているのですか」と尋ねる話です（図表1-2）。

図表1-2　石切職人の仕事

> **石切職人A**：不愉快そうな表情を浮かべ、ぶっきらぼうに答えました。「ふん、このいまいましい石を切るために、毎日、悪戦苦闘しているのさ」
> **石切職人B**：表情を輝かせ、生き生きとした声で、こう答えたそうです。「ええ、いま、私は、多くの人々の心の安らぎの場となる素晴らしい教会を造っているのです」

（田坂広志著『仕事の報酬とは何か』PHP研究所、2003年より引用）

ここで田坂広志氏は「仕事の彼方に何を見つめているか」が「志」を定めるとしています（ドラッカーは同様の例でこのBのケースを「経営管理者」としています。P.F.ドラッカー著／上田惇生訳『現代の経営（上）』ダイヤモンド社、1996年）。大切なことは、この職人Bのようにチームのみんなが自分の業務を認識できているかどうかです。

　このためには図表1-2の石切職人ように、個人の業務（石切）はたとえ狭い範囲のものであっても、組織全体では「素晴らしい教会」を実現するのであり、まずは組織全体のあり方を「意気に燃える」ものにすることが大切です。そこでまず会社の「ビジョンや戦略」（図表1-2の教会）の素晴らしさを確認しましょう。たとえば戦略が「新規事業の実現」だとすれば、その新規事業がいかに素晴らしく、いかに社会に貢献するものか、いかに人生をかけるに値するものか、を明確にします。そして、その素晴らしい姿、熱い思いを心から共有しましょう。何のために私たちは働き、何を実現したいのかと……。

　そしてその戦略（教会）に「1人ひとりがどう具体的に貢献するのか」を明らかにします。たとえば、新規事業には直接かかわらないように見える経理部門であっても、新規事業製品を社会に受け入れられるように「安くする」ためにどう貢献するのか、さらにはその貢献している経理部門の仲間を手助けして（業務を代わりに行うとか相談にのるなど）、みんなが一丸となって新規事業を成功させていくようにすることが大切です。

図表 1-3　「業務改善をなぜ行うのか」の記述例②

（1）業務改善に取り組む背景 ～「〇〇戦略」で夢の実現～
①素晴らしい「〇〇戦略」実現に向けて
　・私たちは、何のために日々働いているのでしょうか。なぜ、この会社に入社したのでしょうか？

- 私たちが選んだ会社は今、社運をかけて「〇〇戦略」に取り組んでいます。この「〇〇戦略」の実現こそが社会に大きく貢献するのであり、全社挙げて何としても実現しなければなりません。
- まさに、「〇〇」の実現こそが、私たちの働く「誇り」なのです。

② 「〇〇戦略」実現へパワー（人、時間）を投入する

- 「〇〇戦略」は思いだけでは実現できません。何ごともそうですが、人と時間を投入して努力しないところに実現はありません。では、私たちは今「〇〇戦略」実現に向けて、どれだけのパワー（人、時間）を投入できているでしょうか。
- 「〇〇戦略」は少しのパワー投入では実現が難しく、現状業務の30%を効率化し、そのうちの7割（20%）を「〇〇戦略」に投入するのです。片手間では実現できないのであり、何としても夢の実現に向けて、現状業務を改善しなければなりません。

(2) 業務改善の目的

> ### 「〇〇戦略」実現（20%の時間投入）

(注)「〇〇戦略」は特定の人だけが遂行するものではありません。それは私たち全員が今の業務を効率化し、戦略を行う人の業務を肩代わりしたり、また日常業務の生産性を上げて、戦略活動に必要な利益を生み出していくのです。つまり全員が「〇〇戦略」実現に貢献するのです。何としても私たちみんなの力で、素晴らしい「夢の〇〇」を実現していきましょう。

④ 「能力向上」

　3番目に大切な視点は、1人ひとりの能力向上です。「組織は人なり」であり、能力向上は何ものにも代えがたい重要なことです。

　しかし忙しいと、どうしても能力向上はおろそかになりがちです。たとえば毎日夜遅くまで働き、帰ってからお酒の一杯も我慢して疲れた

身体にむち打って机の前に座り、眠気をこらえて2～3時間も勉強する姿を想像してみてください。これを毎日続けるのはどんなに大変か……。

　そこで、うまい手は、長い時間を必要とする能力向上を、日々行う業務と一体化させておくことです。つまり業務を能力向上に直結するようにしておくのです。こうしておけば、業務は毎日8時間以上、忘れることなく熱心にやります。どんなに疲れていても手抜きすることはありません。そしてそれが自宅で夜遅くまで机に向う以上の「能力向上」になるとすれば、これはすごいことです。

　業務改善はこのための活動でもあるのです。業務には、力を付けやすい業務（責任のある創造的業務など）と、そうでない業務（単純繰り返し的で判断を要しない業務など）があります。業務改善で、力の付けにくい業務の時間を徹底して減らします（図表1-4の①）。また残った業務についてそのとらえ方を変えていきましょう（図表1-4の②、たとえば業務の中に能力向上テーマを組み込むなど）。

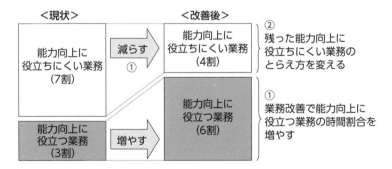

図表1-4　業務改善で能力向上に役立つ業務時間を増やす

(1) 業務改善に取り組む背景 〜「△△力」向上〜

①チーム（組織）として不可欠な「△△力」
（たとえばシステム開発力など）

- 私たちのチームに「△△力」は不可欠です。そしてそれはお客様から信頼され評価される「△△力」でなければなりません。
- 私たちのチームは「△△力」によって△△するからこそ、お客様からお金をいただけるのであり、他社に打ち勝つ「△△力」でなければ、お客様から選ばれず売上もありません（売上がないと、私たちの給料もありません）。
- ここにチームとしての「△△力」（つまりは1人ひとりの△△力）のレベルアップは不可欠なのです。

②「△△力」を付けるには実践での挑戦が不可欠

- 単に机上で学習するのでは、「△△力」は付きません。それは△△業務を実践する中で挑戦し困難を克服することで身に付きます。
- したがって、△△業務で挑戦していなければならないのですが、目下は忙しい後処理□□業務がメインになり、△△業務に十分取り組めていません。
- ここに□□などの業務をできるだけ多く改善し、時間をつくり、早急に△△業務にもっと多く取り組まなければならないのです。

(2) 業務改善の目的

> ### 「△△力」向上（△△業務での挑戦量アップ）

(注)　□□業務もゼロにはなりません。そこで業務改善を通じて、この□□業務についても、いかに取り組めば△△力の向上につながるのかを検討し、業務のあり方、取り組み方を変えていきます。

⑤「組織風土づくり」

病気（たとえば癌）になれば、それを治すために（目的）、癌について調べ専門の医者を探して診てもらうなど最善の方法を探し出し（方法）、実行して病を治します。一方、業務改善は、業務の目的を明らかにし（目的）、それを達成するための最適な方法を見つけ出し（方法）、変えていきます（実行）。両方とも同じ力を使っていることがわかります。つまり業務改善を通じて「改善する力（改善力）」を付けることは、生きていくための力（目的を決め、それを最適方法で達成する力）を付けることとも言え、「自分の財産」になるのです。

ここまでだと、いわゆる「話」のレベルです。業務改善を通じて人は成長するのですが、大切なことはこのような考え方（自分の財産になるとの意識）が「身に付いているか」ということです。

そしてポイントになるのは、このようないわば組織風土（このような考え方がみんなの身に付いている組織の特性）は、「会社に既にある」のでも「自然にできる」のでもなく、私たちが日々心がけ、そのように行動していく中で維持され強化されるものであるという点です。つまり、1人ひとりが「自らが自分の中につくっていくものだ」ということを、心から思っていなければなりません。そして「自らつくっていく意識」の人が多いチーム（組織）にいることで、日々刺激を受け、私たちの中にしっかりと定着（体質化）していくのです。

改善力向上（広い意味での創造力向上）のために、業務改善という「場」があります。後は1人ひとりが自らの中に「意識」をつくり込んでいくことです。それは「自分の財産づくり」であり、創造力（改善力）のある人になっていくのだと……。そしてお互いにその「意識」を広げていきましょう。周りがみんなそういう人であれば全員が伸びます。今回の業務改善は全員で、創造的な組織風土を、創造的な自分をつくっていくチャンスであり、みんなで刺激し合って進めましょう。

以上の、①「忙しさの解消」、②「意気に燃えて業務に取り組む」、③「能力向上」、④「組織風土づくり」などを参考にして、「どうしたら1人ひとりのためになるか」との思いを込めて、「なぜ業務改善を行うのか」を文章化しましょう（図表1-6のワークシートにメモしましょう）。

　その上でこれを何度も何度も読み返しましょう。その文章で自分の心が打ち奮えるか、みんなの心に響くのか、確かめるのです。まとめることができたら、何人かに話してみてください。そして、思いが相手に伝わるか、賛同を得られるか、確認しましょう。

図表1-6	「業務改善をなぜ行なうのか（取り組む背景・目的）」の記述ワークシート

1. 業務改善に取り組む背景

2. 業務改善の目的

Q&A 疑問・質問とその考え方

業務改善をなぜ行うのかに関連して「改善で時間が浮くと、人減らし（リストラ）にならないか」などの疑問や質問（心配や念のための確認など）が出てきます。これらにはしっかり対応しないと、積極的な改善活動にならず、うまく進みません。質問が出た時は、みんなと本音で話し合うチャンスです。以下のような点を参考にしてみんなで確認していきましょう。

Q1 業務改善をするとリストラ（首切り）にならないか

これはリストラにならないか！

イヤ、違うのだ

不信のまま

リストラの不安（疑問・質問）に、「いや、違う」と早く話を打ち切るのは逆効果です。それでは「そういうけど、トップや人事は人を減らすのではないか」などと不安が内にたまって、よりやっかいになりかねません。

・・・・

A まず、自分の実力に自信がなく、「リストラになるかもしれない」と日ごろから不安な気持ちがある場合には、業務改善とかかわりなく「元々リストラの不安がある」のであり、逆に業務改善により「力を付ける業務を行っていくこと」を話し合うことが大切です。みんな大きな潜在能力を持っているのであり、それをいかに早く発揮していくかが大切であって、業務改善で力の付きにくい業務を減らし、潜在能力を発揮できる業務に取り組んでいくのです。ま

た、改善した時間を使って戦略実現のための新しい業務でより大きな成果を出すのであり、成果が出るところにリストラの心配は「今より増えない」ことをよく話し合いましょう。

　なお、自分への不安でなく、「仲間がそうなってはダメだ」との気持ちの場合にも、「リストラでなく素晴らしい夢（戦略実現）」のために行う活動であることを確認しましょう。みんなが新しい業務を通じて大きな成果を出すところにリストラの心配が増加することはあり得ません。

　私たちの組織であり、私たちが人生の選択をして今この組織にいるのです。そしてその居場所（チーム）をより良くしたいのであり、リストラでなく成果を出したいから業務改善を行うのです。

Q2 私は一所懸命やっているので、改善案はないのではないか

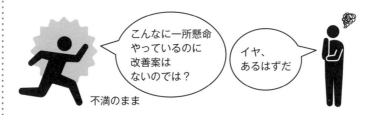

　このようなケースで、「そんなことはない、改善案は無限にあるのだ」「こういう点もあるだろう」と押し切るのは良くありません。それだと「一所懸命やっていない」と言っているようなものであり、「改善案はない」との気持ちは残りかねません。そして「改善案はないのでは」との気持ちが残ったままでは、改善案は発見できません。

・　・　・

A　「一所懸命努力している＝改善案がない」という心の中の思

いを取り払うポイントは、私たちの「考えている前提（思っている土俵）」を変えてみることです。ある前提の下で思っているのであり、その前提を変えることで、思い込みが変わり得るのです。

　まず時間軸を変えます。たとえば「一所懸命やっているので、今改善するところは仮に少ないとしても、先々の進歩にはついていかないといけない」「改善はいわば今のことではなく、将来の良い姿をどれだけ他社より早く見つけるかであり、将来を見越して考えることだ」などです。

　また自分の考えている範囲や枠組みなどを変えてみるようにします。「今の仕組みの中ではよくやっているかもしれないが、改善は今の仕組みそのもののあり方や、根本の構造をも検討するものだ」、「今よくやっているとしても、その前提になっている部分（枠組み）を変える改善案を出すのだ」などです。このように考えることで、多くの改善案に気付くようになります。

　自らの力で、自分の考えの前提を変えて積極的に取り組む力を付けることは、素晴らしい財産になります。

Q3 やっても私にはメリットがない。余計に忙しくなるだけではないか

私にメリットがない。余計に忙しくなるのではないか

不満のまま

趣旨を言っただろう、組織として必要なのだ

「業務改善をなぜ行うのか」に記述してあるのに、再度、このような疑問や質問が出ることがあります。

● ● ●

A この場合に考えられるのは、あまりにも忙し過ぎて何よりも「忙しさ解消」にもっと時間を割り当てないといけない状態です。つまり業務の量が多過ぎてまだやり残している業務が隠れている（やるべきことを手抜きしている）のかもしれないのです。

　もし、このような状態なら戦略などの新しい業務に取りかかれませんから、生み出した時間でさらに追加の改善を行い、その間は新しい業務の実施を延期する必要があります。

　業務量から見て改善すれば新しい業務を行う時間枠がとれそうな場合には、問題は自分のメリットと組織全体のメリットが乖離（かいり）していることです。この時には、「過剰な労働時間の適正化、素晴らしい夢の実現のための時間を多く持てること、各人が成長すること、組織風土が良くなること」などの「業務改善をなぜ行うのか（メリット）」を再度確認し、組織全体のメリットと個人メリットが深くつながっていることを話し合いましょう。

Q4 なぜ私たちのチームだけなのか。他のチームはやらないのか

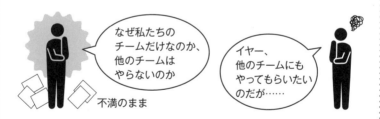

　心の迷いの1つに、「なぜ他のチーム（部署）はやらないのか、私たちのチームの方がこれまでも改善しているし、他のチームの方が改善の余地は大きいのに……」というものもあります。

• • •

A 「他のチームは（または全社的に）なぜやらないのか」とい

う点について注意すべきは、「私たちのチームだけやるのは損だ」との気持ちが混じっていることです。つまり「改善＝損」との気持ちです。改善効果が出て、素晴らしい夢を追求することが、私たちのチームがより会社に貢献することが、「損」なことであるはずがありません。それは「良い」ことなのです。「改善＝損」との気持ちを取り払って、私たちのチームで成功させ、その素晴らしさを全社に広げていきましょう。

　なお、「他部署に比べて改善の余地が少ないのではないか」との比較意識の中にも「改善＝損」との考えが隠れているかもしれません。比較が重要なのではなく、「改善は無限」との考え方こそが大切であり、それが一流企業の考え方です（たとえば、どんなスポーツでも一流選手ほど練習するはずです）。

2 業務改善の進め方の立案

1 目標と推進方針の設計

「業務改善をなぜ行うのか（取り組む背景・目的）」を立案できたら、次は進め方の設計になります。まずは進め方の大枠として、目標と進め方の方針を決めましょう。

①目標の設定

最初に「目的をどこまで行うのか」との点から「業務改善の目標」の設定が重要です。たとえば「早く帰る」ためには、勤務時間の 10% の効率化（時間削減）程度では不足なことが多いものです。というのも 1 時間で行う業務がその 9 割の 54 分になっても、この程度の効果時間ではちょっと油断するとすぐに消えてなくなってしまいかねないのです。

そこで、20% か 30% は改善したいものです（40% や 50% は、専門家の支援なしでは難しい）。時間削減（量）の「必要性」と、みんなの意欲を踏まえた上での手法（後述）からみた「可能性」を判断して、20% にするか 30% にするか決めましょう（以下、高い目標（30%）に対応できるように、30% を想定して説明していきます）。

②進め方の方針（推進方針）の設定

大枠の 2 つ目は、進めるに際しての「方針（推進方針）」です。つまり、どういう取り組み方をするか（どのような方向にどう進めていくか）の考え方を決めましょう。

これには、いろいろなものが考えられますが、過去の経験から業務改善に適した代表的な例を図表 1-7 に示しました。

図表 1-7　進め方の方針（推進方針）の例

■**全員の積極的な取り組み**
- 今回は、私たちみんなの業務を改善するのであり、全員が積極的に取り組んでいきます。
- チームの業務を全員で良くしていくのであり、特定の人の活動ではありません。

■**目標必達**
- 今回の目標は、私たちみんなが「早く帰れる」ようにするためのものであり、みんなの健康確保のためにも目標は必達します。
- 私たちみんなで決めた目標が達成できないと、今後もみんなで何かを決めて取り組むことは難しくなるので、決めた目標は必達していきます。
- 「改善は無限」との信念が大切であり、何としても目標を必達します。

■**全員協力（チーム一丸となって進める）**
- 目標を必達するためには、みんなの協力が不可欠です。
- チーム一丸となって目標を達成することで、チームの一体感をより強くしていきます。

■**現状打破**
- 高い目標に挑戦し必達することを通じて、現状を打破する力を身に付けていきます。
- 従来の慣習や過去にとらわれず、常に新しい目で挑戦していく姿勢をチームの強みにしていきます。

■**改善力向上**
- 単に改善活動を進めるのではなく、私たち 1 人ひとりの改善力向上をはかりながら進めていきます。
- 物事を変えていく、良くしていく改善力は、業務を遂行する者にとって必須の力であり、全員が目標に挑戦し達成することを通じて、私たちの改善力を向上させていきます。

その他にも「不退転での実践、画期的活動、改善の信念づくり、明るく挑戦……」などいろいろと考えられますが、あまり多いと記憶しづらく浸透が難しくなります。そこで 3 つ程度に絞り、みんなの心に響くように文章化しましょう。

2 進め方の設計

　実際の進め方については、「30% の効率化を成功させる」との視点から、本書では業務改善手法（その中の総点検方式）を選択しています。そして、この総点検方式として「誰が、何を、いつ、行うのか（体制、対象、内容、手順、日程など）」の進め方を設計していきます。

①「業務改善手法（総点検方式）」を選択

　30% 効率化（時間削減）をはかるための手法は、情報（ICT）系、人系（人の側面を主とするもの）、改善系のものに分けることができます。

　このうち、各種の情報システム化をはかる情報系のものはお金がかかるとともに自チームだけではできないのが通常です。人系の主なものは、アウトソーシング（外部委託）やシェアードサービス（共有・集約化）などの組織レベルのものと、業務や行動レベルの定員管理や時間管理などの管理系（スキル向上も含む）のものに分けることができます。前者のアウトソーシングやシェアードサービスなどは全社的な手法であり、外部委託の費用もかかります。後者の管理系のものはお金はかかりませんが、業務などの構造を変えるものではなく人に頼る（管理）手法のため、その定着が難しく 30% の時間削減は難しいケースが多いです。

　改善系の手法はその対象の大きさにより、プロセス（流れ）を抜本的に見直すビジネスプロセス・リエンジニアリング（BPR）手法や組織機能の見直しなどの大きなものと、これらよりも小さい業務のあり方を変

えて時間削減を行う業務改善手法、業務より細かい会議や資料作成などの行動形態の改善手法に分けることができます。このうち BPR 手法や組織機能の見直しなどは、課や係などのチームで行うのは難しく、今回は BPR の見方を業務改善の中に取り込んで活用します。また行動形態の改善手法は整備が遅れていることもあって 30% の時間削減は難しく、これもその改善着眼を取り込むことにし、本書ではチームで実施できて 30% 時間削減の実績が多くある業務改善手法を選択します（なお、業務改善の中で発見され、採算の合う情報システム化は取り込みます）。

　業務改善手法では、特定の業務やテーマを改善するタイプのもの（テーマ方式）と、すべての業務を対象とするもの（総点検方式）の 2 つが代表的なアプローチになります。今日、大きな時間を占める業務は既に ICT 化され、特定の業務に多くの人数（時間）がかかっているものは少なくなっているため、テーマ方式で 30% の時間を削減するのは難しくなっています。そこで本書はすべての業務を対象とする総点検方式を選択しています。

②ステップごとに、ミーティングで学び、その場で実践する進め方 （実践ミーティング方式）

　業務改善（総点検方式）手法をチームとして実際に進めるために、本書では、業務改善のステップを分け、ステップごとにミーティングを開いてみんなで学び、その場で実際にやってみる進め方（実践ミーティング方式）にしています（図表 1-8 参照）。

　たとえば業務改善の書籍を渡して「やっておくように」と言うのでは、とてもではないができません。同様に、最初にみんなに説明し、後は「1 人ひとりがやるように」という進め方でも成功は難しいでしょう。実際にチームのメンバーを思い浮かべてみればわかるように、人による「ばらつき」が大きく、「わからない点があって止まってしまう人」「日々の

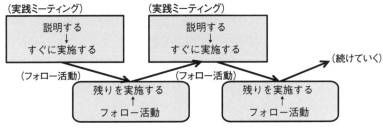

図表1-8 「実践ミーティング＋フォロー活動」方式のイメージ

（実践ミーティング）
説明する
↓
すぐに実施する

（実践ミーティング）
説明する
↓
すぐに実施する

（続けていく）

（フォロー活動）
残りを実施する
↑
フォロー活動

（フォロー活動）
残りを実施する
↑
フォロー活動

①ステップごとに（範囲を区切って）実習して「できるか」確認する
②実習の残りを持ち帰るが、フォロー活動を充実し確実に完成する

仕事の忙しさから遅れる人」などが出てきます。また一度に説明したのでは、すべてのマスターはできず、間違った内容で進める人も出てきかねません。

　そのため業務改善のステップ（特定の範囲）ごとに、「内容を詳しく説明した上で実際にやってみる」のが確実な進め方になります。やり方について「理解できたか確認できる」とともに、その場で「適切な内容」で「ある量」ができて、残った分を日常の中で実施するだけになれば、できたも同然なのです。もちろん実習時間をどのくらい取れるかで、持ち帰って行う「残りの量」が多いこともあります。この場合には事務局が「フォロー活動」を行い、確実に完成できるようにしていきます。

③「フォロー活動」の考え方

　実践ミーティング方式で成功するには、フォロー活動が重要です。ところが、「フォローするのは嫌だな」「フォローされるのは嫌だな」というような気持ちなりやすいものです。というのもフォロー活動は「チェック」のような印象を受けるからです。そうすると「ちょっと様子を見ておくことにして、順調そうならフォロー活動はしなくてもよいか……」というように、ついフォロー活動を遠ざけるようになりかねません。し

かし、これでは成功は保証できません。そこで今回の活動では、次のようなフォロー活動の考え方をみんなと共通認識しておくことが大切になります。

　第1にフォロー活動は、「遅れるから行う」のではありません。この点がフォロー活動の考え方として大切なのですが、フォロー活動は「よりラクに進められるように、遅れないように行う」のです。つまり遅れるという仲間を信頼しない前提ではなく、遅れないように（成功への促進として）行うのです。

　第2に、「チェック」でなく「仲間としての協力・応援」ということです。しかし現実は、フォロー活動をチェックと理解していることが多く、みんなも嫌がるし、フォローする側も気が重くなるのです。図表1-9のようにフォロー活動は、共通の目標に向けた「仲間としての協力・応援である」との考え方を共有しておくことが大切です。

図表1-9　フォロー活動はチェックではなく協力・応援

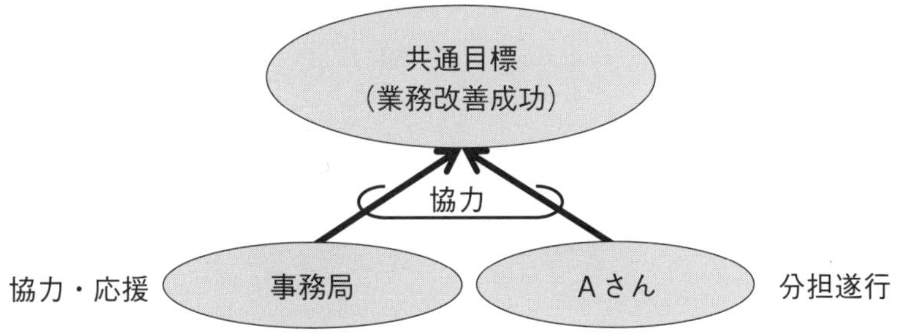

④事務局が先行しての試行

　業務改善はみんなで進めていくのですが、その音頭をとる事務局は、先行して自分の業務について実践してみることが重要です。つまり、実際にやってみて「どう進めるのか」をわかった上でミーティングをリー

ドし、フォロー活動を行っていくのです。進め方を計画する際にも、必ず実際に本書の各章を見ながら、また巻末付録のフォーマットを使って実践（試行）してみた上で行ってほしいのです。

　そして可能なら、誰か右腕となる人（改善スタッフ）と2人で行うことが望ましいです。それは実際に行うときに説明の補足やアドバイスを得られ、また協力してもらえるばかりか、試行の途中でも一緒に行うことで説明の伝わりにくい点がわかるなど多くのメリットがあるからです。そして先行して実施することで実際の例ができ、これを見ることでみんなが進めやすくなります。

3 進め方の文章化（推進計画書）

　以上の進め方については、実際に推進していくみんなにわかりやすいように、文章化しておくことが大切です（図表1-6の続きになり、合わせて推進計画書と言います）。成功のためには、「なぜ行うのか」以外にも、「どういう考え方で、いつ、何をするのか」などに納得しておくことで活動に打ち込めるのです。具体的には図表1-10のようなシートに記述します。このうち「業務改善の目標」と「推進方針」は既に前述の1で検討できています。「対象」から「注意点」までの記述は次の通りです。

①対象
　対象はチーム内の全業務になります。ただし健康診断などの社員のための時間や一部の全社行事については対象外にすることがあります（なお営業部署の顧客訪問時間については、効率化のためには顧客を調べることが重要であり、今回とは異なる手法が必要なため通常は対象外にします）。

3. 業務改善の目標
    現状業務の効率化（時間削減）[　　　　　]％

4. 推進方針
    （1）

    （2）

    （3）

5. 対象
    チーム内の全業務
    　　（注）ただし○○は含めない

6. 体制と役割
    　　チームリーダー：

    　　改善スタッフ：

    　　メンバー全員：

7. 推進手順と日程

8. 注意点

②体制と役割

　体制と役割については、全員参加の下に、図表 1-11 のような例を参考にすると立案しやすくなります。

図表 1-11 体制と役割の例示

●**チームリーダー：業務改善の責任者**
・実践ミーティングの準備とその実施
・フォロー活動の実施とみんなへのサポート
・自己業務についての改善案の完成と実施（先行して行った
　ものを補足）
●**改善スタッフ：チームリーダーと一体となったサポート**
・チームリーダーの応援（実践ミーティング、フォロー活動）
・みんなへのサポート
・自己業務についての改善案の完成と実施（先行して行った
　ものを補足）
●**メンバー全員：積極的な改善活動の実践**
・自己業務の見える化
・自己業務の改善アイデア出しと改善案まとめ
・改善案の実施計画づくりとその実施
・実践ミーティングとフォロー活動への積極的な参加、全員
　協力

③**推進手順と日程**

　推進の手順（含む概略の内容）は、「業務の見える化⇒改善アイデア
出し⇒改善案まとめ⇒実施計画づくり⇒実施」のステップで進めます。
そしてステップごとに実践ミーティングとフォロー活動で推進します。
図にすると図表 1-12 のようになります。みんなにもこのような図を示
すとよいでしょう。日程の詳細は各章を参考に決めますが、概略は図表
1-12 のようです。

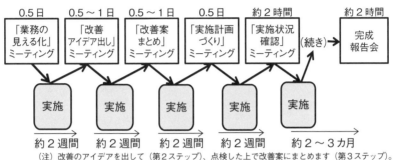

図表 1-12　推進内容・手順と日程のイメージ

（注）改善のアイデアを出して（第2ステップ）、点検した上で改善案にまとめます（第3ステップ）。

④注意点

　その他として「チームのみんなが大切にしたい点」をまとめます。たとえば「批判厳禁」「時間厳守」「改善できないは禁句」などです。

⑤推進計画書の点検と相談

　作成できた推進計画書は何度も読み返し、みんなに伝わるか点検しましょう。推進計画書はチームメンバーが今後活動していく「推進の指針・ガイド」であり、みんなのものですから、素案は事務局がつくりますが、みんなに相談しながら（参加してもらいながら）完成していくことが望ましいです。

　もしこの時点で「活動に乗り気でなさそうなメンバー」がいる場合には、特によく相談しましょう。チームを良くしていきたい気持ちをしっかりと話し合い、また意見を聞くのです。チームのみんなに賛成してもらうことが何よりも大切です。

　もちろん、上司や情報システム部などの関係する部署にも相談しておきましょう。趣旨を伝え、今後の協力を依頼しておくのです。改善案を立案できた後の他部署との調整や ICT 化案の検討などで、具体的な協力をお願いする場面が出てくる旨を伝え、了承を得ておきましょう。

Q&A 疑問・質問とその考え方

「このような進め方でよいのだろうか、この部分はおかしいのではないか」など業務改善の進め方について、疑問や質問が出ることがあります。これをそのままにして「とにかくやろう」というのでは、後々集中力を発揮しにくくなります。しっかりと疑問や質問の中身を掘り下げて、納得しておくことが大切です。

Q1 「自分の業務を改善しろ」では、1人ひとりへの押し付けではないのか

「押し付けではないか」のような「やらされ感」では、改善案は見つけられません。どう考えたり話し合うのがよいでしょうか。

・ ・ ・

A 今回の進め方は、私たちみんなで協力し合ってチームの全業務を改善するのが基本です。ただし業務の「見える化」や「改善アイデア出し」など、自分の業務を自分で行う方が「効率が良く」「能力向上になる」部分は、1人ひとりが自分の分担分を遂行するのです。

しかし1人ひとりが改善アイデアを検討した後、改善アイデアが出ていない場合には、みんなでディスカッションするなど「みんなで助け合ってチームの全業務を改善」していきます。また業務の「見える化」も業務が同じ人は、はじめから協力し合って進めます。そして、スタートの業務項目のリストはみんなに共通であり、実習も業務の類似したグループで進めます。このように基本は「チーム

みんなで協力し合って進める」のです。

　なお、「チームリーダー率先垂範」であることも確認しましょう。リーダーとしてみんなに先行して業務改善の一連のステップを既に行っています。そしてこの経験を活かし、みんなの相談に乗り、また協力・応援していくのです。

Q2 私の業務は特殊だから、皆と同じやり方では改善できないのではないか

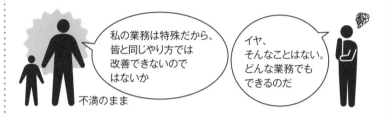

　この疑問や質問の場合、「他のメンバーの業務も特殊であり、あなただけが特殊なのではない」と説明するのでは、うまく伝わらないことが多いようです。

・　・　・

　A　この場合、特殊な業務という側面のいわば「誇り」に重点がある場合と、「改善できないとどうしよう」という改善への不安（心配）に重点がある場合とがあります。

　前者の場合、他のメンバーの業務も重要で特殊であるということをわかってもらう必要がありますが、急に考えを変えてもらうことが難しいケースもあります。そのような場合には、フォーマットなどの「形」は同じだが、中身は業務や改善案の内容に応じて進める旨を説明しましょう。そして別途の機会に落ち着いて、他のメンバーの業務も重要で特殊であることを話し合いましょう。またそのメン

バーが尊敬している人から話してもらうことなども効果的です。

　後者の「改善案を出せるかの不安」に重点がある場合には、改善案はチームのみんなが協力し合って立案していく進め方であることを確認しましょう。活動として、まずは業務について詳しい本人が改善アイデアを考えるのですが、改善アイデアの出方が少ない業務についてはチームとして協力し合って検討するのです。ただし「自分の業務に改善案を自分で見つけなくてもよい」と誤解してはいけませんから、「改善は無限」であり、何としても改善案は目標に達するまで見つけ出すことを確認しましょう。不安を吹っ切り、「できる」との認識に自分を変えていくこと自体が、重要な「力の向上」になるのであり、不安なことに対して挑戦する力の大切さを学んでいきましょう。

3 業務項目のリストアップ（業務体系表作成）

1 業務項目リスト（業務体系表）のつくり方

①業務体系表の意味

　業務改善の対象は「業務」です。そして改善のためにはこの対象を明らかに（見える化）することが最初に重要になります。つまり、私たちは物事（改善）を考える時、主として対象（業務）を見て（分析して）考えるのであり、改善案を見つけるために業務の「見える化」（分析材料づくり）は不可欠なのです。

　そしてこの「見える化」の方法は、まず業務項目をリストアップしておき（業務体系表、図表1-13)、その項目ごとに業務の内容を見える化します（自己業務改善点検表、図表1-14)。

　ここに業務改善のスタートは、業務項目のリストアップ（業務体系表作成）になります（チームリーダーが作成）。

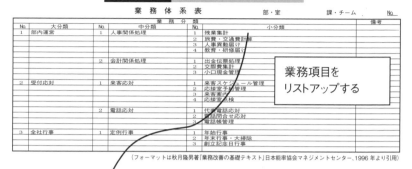

図表 1-13　業務体系表のイメージ

業 務 体 系 表　　　部・室　　　　　課・チーム　　　No.

No.	大分類	No.	中分類	No.	小分類	備考
1	部内運営	1	人事関係処理	1	残業集計	
				2	旅費・交通費計算	
				3	人事異動届け	
				4	教育・研修届け	
		2	会計関係処理	1	出金伝票処理	
				2	交際費集計	
				3	小口現金管理	
2	受付応対	1	来客応対	1	来客スケジュール管理	
				2	応接室予約管理	
				3	来客案内	
				4	応接室点検	
		2	電話応対	1	代表電話応対	
				2	電話問合せ応対	
				3	電話帳管理	
3	全社行事	1	定例行事	1	年始行事	
				2	年末行事・大掃除	
				3	創立記念日行事	

業務項目を
リストアップする

（フォーマットは秋月隆男著『業務改善の基礎テキスト』日本能率協会マネジメントセンター、1996年より引用）

図表 1-14　業務内容の「見える化」イメージ（自己業務改善点検表）

自己業務改善点検表　　　所属　　　　　　　　　　年　月　日作成
氏名

No.	大分類	No.	中分類	No.	小分類	業務の内容（内容・処理の仕方を具体的に）	業務の流れ 誰・どこ から	誰・どこ へ	当業務の発生頻度 週	月	年	件数 (A)	当業務の所要時間 最長	最短	平均 (B)	合計時間 (A×B)	作成資料（伝票・台帳・実績表等）	問題点／改善着眼点 困る事、気付いたアイデア等 できるだけ多く記入する
1	部内運営		人事関連処理		残業集計	毎月、全員の残業データを収集し（未提出者は督促）一覧表を作成する。結果を個人別に点検し（異常値など）、先月と大幅に変化したものがないか確認する。	各人	自分			1	12	480	240	360	72	残業一覧表	

項目ごとにその内容を記述
し改善を検討していく

（フォーマットは服部明著『業務改善50の鉄則』日本能率協会、1986年より引用）

▶ポイント　業務体系表を的確につくるために

　業務体系表を的確（改善活動に適したもの）に作成するには、「どう使うのか、役立つのか」を理解しておくことが大切になります。

①1人ひとりの負担を小さくし、「見える化」のレベルを
そろえる

　業務の見える化は、みんなが実践する最初の活動であり、その負担を小さくしておくことが大切です。仮に業務体系表なしで「業務の見える化（図表1-14）」を行うとすると、書くべき業務項目を思い出すことがまず大変になります（入り口で進まない危惧があります）。どういう詳しさで業務項目を書くのか、

名前の付け方はどうするのか、書く順序はどうするのか、業務項目の漏れはないか…など業務項目がリストアップされているのに比べてどれほど大変か想像に難くありません。

　また業務項目が統一していないと、みんなバラバラに書くので、書く時にお互いに参考にできないし、後で改善案（正式にまとめる前は改善アイデア）を考えるために業務の内容を参考にしようとしてもできません。また同一業務の時間の比較もできなければ、問題点や改善アイデアもお互いに交流しにくくなります。その上バラバラの単位で作成すると業務の所要時間の精度も悪くなりやすいのです。

②改善案検討の「大きさ（単位）」を決める

　次に業務体系表の項目ごとに業務内容を見える化するため、業務体系表は「改善アイデアを検討する大きさ（単位）を決める」ことになります。つまり、業務項目の大きさの決め方で改善アイデアを考えやすくもなれば、考えにくくもなるのです。

　たとえば図表1-13の大分類「部内運営」が小分類としましょう。この場合、部内運営にはいろいろ含まれるために的を絞れず、改善アイデアを考えにくくなります。業務項目が大きいとその中にいろいろな業務が含まれ、改善アイデアを考えにくく、また1つ気付くと安心して他を考えないことも多く、改善アイデアの数も少なくなりやすいのです。これは中分類の「人事関係処理」という大きさでも、この中に残業集計もあれば旅費・交通費計算もあり、どこに改善アイデアを出せばよいのか考えにくいのです。この例では、小分類の「残業集計」レベルがやはり改善を考えやすく、この大きさで改善アイデアを考えると数多く見つけられます。

　逆にこれよりも細かく、「残業集計」の内訳の「残業データの収集、データ未提出者督促、残業データの異常値点検…」を小分類とすると、今度はこの業務項目の大きさで業務の内容を記述することになり、その「手間」が大変になります。業務内容の見える化は図表1-14のフォーマットに記述するのですが、経験からは10枚を超えると負担が大きくて不満が出やすくなりま

す。用紙1枚に10項目書くとすると10枚では100項目です。したがって、1人当たりの業務項目（小分類）が100を大きくは超えないことが望ましいのです。今、年間の勤務時間を2,000時間とすると、これを100項目に分けると1項目20時間程度となります。つまり毎月1回2時間の会議があるとすると年間24時間なので、この会議レベルで業務を記述し、1つの会議ごとに改善を考えるイメージになります。

③改善案を検討しやすい項目に分ける

　業務項目を決めることは、改善アイデアを出しやすい大きさを決めると同時に、その決めた項目が改善アイデアを検討しやすいかどうかも決めることになります。この面からは、業務の改善は「目的と方法の最適化」の検討であり（3章参照）、方法は目的によって決まるため、目的の視点から業務項目を決めておくことが大切になります。

　業務項目が目的の視点からになっていないケースとしては、会議や資料作成といった行動形態や業務の手順で分けるケースが見受けられます。たとえば行動形態を基本に業務項目を分けると、大分類が「会議」、中分類が「全社会議」、小分類が「○○会議」、などとなります。業務改善では項目ごとに時間を集計してその時間と成果を比較するのが役立つのですが、いろいろな会議を集めた「全社会議」の時間と成果（結果が出る前は目的）を比較しても改善アイデアは浮かんできません。ここに、業務項目は目的を基準に分けるのが望ましいのです（ただし、小分類は細かく分けるため「手順での分け方」になることも多々あり、目的の視点からの分類は中分類までのことです）。

②業務体系表のつくり方

　業務体系表は、チームの業務を大分類から中分類、小分類と順次書き出して作成します（図表1-15参照）。

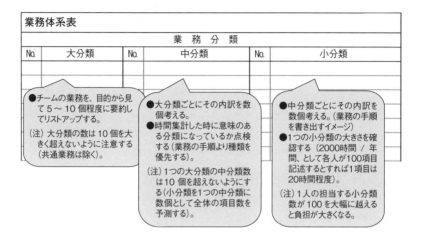

図表 1-15　業務体系表のつくり方

業務体系表

	業　務　分　類				
No.	大分類	No.	中分類	No.	小分類

●チームの業務を、目的から見て5〜10個程度に要約してリストアップする。

(注) 大分類の数は10個を大きく超えないように注意する（共通業務は除く）。

●大分類ごとにその内訳を数個考える。

●時間集計した時に意味のある分類になっているか点検する（業務の手順より種類を優先する）。

(注) 1つの大分類の中分類数は10個を超えないようにする（小分類を1つの中分類に数個として全体の項目数を予測する）。

●中分類ごとにその内訳を数個考える。（業務の手順を書き出すイメージ）

●1つの小分類の大きさを確認する（2000時間／年間、として各人が100項目記述するとすれば1項目は20時間程度）。

(注) 1人の担当する小分類数が100を大幅に越えると負担が大きくなる。

ⅰ) 大分類

　チームの業務を目的の視点から（目的を考えにくいときは業務の種類で考えてみる）5〜10個程度に分けてリストアップしましょう。たとえば人事部門であれば、「採用、人事異動、人事考課、教育研修、福利厚生、組合対応、人事制度改定……」などです。もちろん部署の大きさにより大分類としてリストアップする項目の大きさレベルは異なります。大分類の数に特に決まりはありませんが、仮に大分類を10個とし、1つの大分類に数個（仮に5個とする）の中分類、1つの中分類に5つの小分類とすると10×5×5で全体では250の小分類になります。1人当たり100の小分類が目安であり、重複して業務分担していることを想定し、どの程度の項目数が妥当か判断していくことになります。

ⅱ) 中分類

　大分類ができると、それぞれについて、内訳を検討し中分類を作成します。この時も業務の目的を基本に分類します。

iii）小分類

　小分類は業務の遂行手順になることが多いです。しかし、たとえば図表1-13の例のように庶務的な業務など種類の多いケースでは、小分類が種類になることもあります。

　小分類はこの単位に改善を考えていくことになるため、その大きさが重要になります。また業務の内容を「見える化」するための手間（負荷）の面からも大きさが重要になります。それは1人当たり100項目を目安とすると、前述（44ページ）のように1つの業務の時間は20時間程度が目安になります。

　たとえば週1回の30分かかるレポート作成であれば、50週（年末年始、5月連休を除く実質）×30分＝25時間／年間であり、この単位で改善を検討します。これが仮にレポート以外のものも合わせて同時に改善を考えるのでは、考えにくくなります。また1回30分程度のレポートに対して、これより細かく「情報整理、草稿、作成、点検、修正…」というようなレベルで、具体的な内容や時間を書くことは、手間（負荷）が大き過ぎます。

③全社共通部分についての業務体系表

　チーム（部署）内の業務と異なり、年末・年始の式典や健康診断など全社的な行事については項目が漏れやすいものです。どうしても検討がチーム固有の業務になりやすいからです。しかしこれらについても忘れないようにしないと、後で1人ひとりの時間の年間合計が合わなくなります（全社的に業務改善活動を行う場合には、全部署同じものになるため、「共通業務体系表」と言います）。

　図表1-16に共通業務体系表のサンプルを示しました。これを参考にして自社版を作成し、記述漏れのないようにしましょう。

図表 1-16 「共通業務体系表」の例

共通業務体系表

No.	大分類	No.	中分類	No.	小分類	備考
			業 務 分 類			
1	全社運営	1	年度計画の立案	1	年度計画立案用の資料作成	(各部門)
				2	全社ヒヤリング	
				3	年度計画立案への個別対応	
				4	年度計画の部門内浸透	
		2	年度計画の実績点検	1	実績点検準備	(各部門)
				2	実績点検	(全社ヒヤリング)
				3	点検後フォロー	
		3	全社行事	1	年始朝礼	
				2	創立記念日式典	
				3	年末行事(含む大掃除)	
		4	全社安全衛生	1	安全衛生週間行事	
				2	健康診断	
		5	全社研修	1	管理者研修	
				2	担当者研修	
				3	通信教育	
2	部門内運営	1	部門計画の立案	1	年度計画のブレイクダウン	
				2	分担の検討と了承	
				3	目標ヒヤリング	
				4	目標まとめ	
		2	部門計画の実績点検	1	年度実績ヒヤリング	
				2	実績のとりまとめ	
		3	部門内研修	1	研修計画の立案	
				2	部門内研修の実施	
				3	社外セミナー受講	
3	共通庶務	1	人事関係	1	人事関係変更届	
				2	残業時間集計	
	(以下:略)					

④業務体系表の点検

　業務体系表の仮案ができたら点検チェックリストを参考に点検します（図表 1-17 参照）。どんどん仮案を作成し、点検して修正していく進め方が効率的です。

図表 1-17　業務体系表の点検チェックリスト（例）

<**目的から見て**>
　□大分類は目的から見て納得できるか
　□中分類は大分類を目的の視点から分けたものになっているか
　□時間集計が意味ある分類になっているか（大分類、中分類）

<**大きさから見て**>
　□大分類、中分類に大き過ぎたり小さ過ぎる項目はないか
　□1 人当たりの数（小分類数）は妥当か
　□大き過ぎたり小さ過ぎる小分類はないか（年間時間を参考
　　にする）

<**わかりやすさから見て**>
　□意味のわかりにくい業務項目はないか
　□どこに分類されるのか不明な業務はないか（漏れていないか）
　□業務項目の順序は業務の手順と合致しているか
　□日、週、月、年の区別がされているか
　　（区別されていないと、所要時間を書きにくい）

（<わかりやすさから見て>については日本能率協会コンサルティングの研修資料より引用）

　点検はまず、分類が「目的から見た分類」になっているかという視点から振り返ります。時間を集計した時に改善に役立つことが重要だからです。次に改善案を出すために適した大きさで、業務内容見える化の負荷が適切かという「大きさ」の視点です。小分類の大きさを中心に点検します。3 点目はみんなに「わかりやすいか」の視点です。この点については何人かに相談するのがよいでしょう。

Q&A 疑問・質問とその考え方

業務体系表の作成はチームリーダーが主になって行うのですが、「誰かに頼めないか」などと迷いの出ることがあります。

Q1 面倒だから細部 (小分類) は1人ひとりにやってもらえないか

面倒だなー、
細部は1人ひとりに
やってもらえないか

　よくある「迷い」は業務の細かい部分がわからないため、業務体系表の中分類まで作成し、小分類は「みんなに適宜記入してもらったらどうか」との考えです。中分類までなら、作成はラクであり、魅力的に思えるのですが……。

・　・　・　・

　A このやり方は好ましくありません。理由は大きく2つあります。

　第1は手間の視点です。誰が作成してもかかる手間は同じと思われるかもしれませんが、体系表づくりに慣れていないメンバーが行うのは大変です。特に「どう使うのか」という意味がわからない（改善を先行して実施していないため実感がない）まま作成するのは、「これでよいだろうか」などといった判断の迷いから多くの時間を必要とします。また中には分類などの「整理する思考」に慣れていないメンバーもいます。さらに同じ業務を複数のメンバーで行っているのが通常であり、この調整や相談に時間がかかります。したがって手間の視点からは、使い方を理解しているチームリーダーが必要

に応じて協力してもらいながら作成するのがよいのです。

2点めは成果の視点です。業務の小分類はこの単位で改善アイデアを検討していくことになるため重要です。1人ひとりに任せた場合、小分類の重要性を理解しにくいために、作成のラクな「粗い分類」になりやすく、改善アイデアを出しにくくなります。業務体系表本来の目的を果たせないのでは意味がありません。では「細かくするように」と強く指示をしたらとの考え方もありますが、この場合には小分類が小さくなり過ぎて業務内容「見える化」の手間が大きくなり過ぎる心配があります。

Q2 事務局だから改善スタッフに頼めないか

業務をまだよく
理解できていない……。
改善スタッフに
作成を頼めないか

この迷いは、着任して日が浅いなど、まだチームの業務をよく把握できていないケースなどで出てきます。改善スタッフはその使い方もわかっているし、いずれにしても協力してもらうのだから、1人でつくってもらっても手間は変わらないだろうとの誘惑に駆られるのです。

• • •

A このやり方はよくありません。というのもチームリーダーが依頼した場合、改善スタッフは明確には反対しないかもしれませんが、本人が納得したようでも、「なんだ、結局やらせられるのだ……」との思いが心の奥底に残る危惧があります。改善スタッフは

活動のキーマンであり、改善活動に 100% 賛成しているかどうか
はみんなにそれとなく伝わっていくものです。そしてこの信頼関係
が改善活動の成否を決めるとも言えます。改善スタッフにたとえ教
えてもらう部分が多いとしても、自らが主体的に、熱心に推進しよ
うとする姿勢が、事務局の一体感となり活動を成功に導くのです。

　また「業務がわからない」ときこそ、業務体系表づくりが「わか
る」チャンスになります。チームリーダーとしてチームの業務を理
解することは必須であり、自らが聞きながら業務体系表を作成する
ことが業務の理解を早くします。

　そして、わからないことをメンバーに尋ねて理解し、チームのこ
とを知り、チームを良くしようとし、積極的に挑戦していく姿をみ
んなに伝えていくことにもなります。

2章
業務の見える化

　いよいよ第1回の実践ミーティングです。最初の印象が今後にも影響するため重要です。本章を参考にして良いスタートを切ってください。

　まず、1章で作成した推進計画書を確認し、みんなで合意しましょう。そして「業務改善の考え方」を学んだ上で、第1ステップとして「改善の対象となる業務の見える化（以降、業務の見える化）」を進めます。改善アイデアの大部分は目で見て考えるのであり、「業務の見える化」の良し悪しが改善活動の成否を決めるとも言えます。以下、詳しく見ていきましょう。

1 第1回「業務の見える化」ミーティングの準備物と時間計画

第1回「業務の見える化」ミーティングは、今後のためにもスムーズに進めることが大切です。準備資料は大きく「業務改善の趣旨と進め方（推進計画書）」「業務改善の考え方」「業務の見える化」になります。詳細は次の通りです。

①第1回「業務の見える化」ミーティングの準備物

付録を参考に、以下の準備資料を確認しミーティングに備えましょう。

＜「推進計画書」関係＞

ⅰ）推進計画書……1章で作成したものをみんなに配布できるように準備しておきます（付録参照）。

ⅱ）進め方の具体的なイメージ（帳票イメージ）……付録参照。

＜「業務改善の考え方」関係＞

ⅲ）業務改善の考え方……付録テキスト（本章61ページより説明）。

＜「業務の見える化」関係＞

ⅳ）「業務の見える化」の必要性……付録テキスト（本章66ページより説明）。

ⅴ）業務体系表……1章3節で作成したものをメンバーに配布できるように準備しておきます。

ⅵ）自己業務改善点検表（用紙）……付録のフォーマット。

ⅶ）自己業務改善点検表（記述要領）……付録テキスト。

ⅷ）自己業務改善点検表（記述例）……チームリーダーや改善スタッフの実際の記述例を準備します。

＜次回予定＞

ⅸ）日程表……次回までの予定を準備しておきます（口頭でも可）。

②進め方の時間計画

具体的な進め方とその内容は次節以降で詳しく説明しますが、その代表的な手順と時間計画の例は図表 2-1 のようになります。

| 図表 2-1 | 第1回「業務の見える化」ミーティングの進め方と時間計画の例 |

ⅰ）趣旨と進め方（推進計画書）……30 〜 45 分程度
　　（意見交換しながら）
ⅱ）業務改善の考え方（テキスト）……30 分程度
　　（事例を交えるなど身近に感じられるように）

〜休憩〜

ⅲ）「業務の見える化」の進め方　……15 分程度
　　（自己業務改善点検表の記述要領を理解する）
ⅳ）自己業務改善点検表の記述実習　……1 時間程度
　　（グループに分かれて実習）

〜途中休憩を含む〜

ⅴ）まとめ、今後の予定　……10 分程度

ポイントは「推進計画書」について、その説明だけでなく意見を聞き、忌憚（きたん）なく話し合って、みんなが仲間として「よし、やろう」との気持ちになることです。また「業務の見える化」の実習時間をしっかりと取り、みんなが疑問なくスムーズに書けるようになることです。

2 第1回「業務の見える化」ミーティングの実践

1 「趣旨と進め方（推進計画書）」の説明と合意

　第1回「業務の見える化」ミーティングからいよいよ実践です。スタートは、業務改善の趣旨（なぜ行うのか）の確認です。この確認はみんなが心から「やろう」と思う場であり、大変重要です。次のような点に注意して進めましょう。

① 「趣旨に納得する」ミーティングの進め方

　推進計画書を基にして、みんなで「さあやろう」と思うようなミーティングにしていくためには、図表 2-2 のような事務局からの一方的な説明では良くありません。

図表 2-2　事務局からの一方的な説明の例

> **Aさんの運営**
>
> ・「活動の目的は……、目標は……、体制は……、進め方は……」と推進計画書を順次説明する。
> 　→みんな、シーンと聞いている。
>
> ・「質問はないですか……、では合意ということでよいですか……」
> 　→少しの質問はあるが、総じてシーンとしている。
>
> ・「ではこれでやっていくということで、よいですね」と合意。

　このような単に資料を読むだけのような進め方では、たとえ推進計画書の内容が良くても、「さあやろう」とは思わないことでしょう。1人ひとりの意見や気持ちなどを本音で話し合っていく進め方が重要です。

たとえば図表 2-3 のように質問したり、意見を聞いたりして計画に賛成か話し合いながら進めていきましょう。

図表 2-3 「みんなで一緒に考えていく」ような進め方の例

Bさんの運営

・「今、目的を説明しましたが、心からみんなの忙しさを何とかしたいとの思いなのです。
　○○さん残業が多くて大変ですよね。今どのくらい残業していますか？」
　→○○くらいです。
　「大変ですよね……△△さんは？」
　→○○で困っていますよ。

・「この状態が続くと、身体を壊しはしないかと本当に心苦しく思っています。人事にも言っているけど、会社の利益状況からは人を入れる状況にないとのことです。そんなことを言われてもみんなが病気になってはどうしようもないので、絶対にこのまま放置はできないと思っています……」
　→みんなシーンと聞いている。

・「何としても最低限、全員の健康を守らなければならないので、検討の結果、何とかみんなで業務を改善したら業務時間を削減できるし、削減しないといけないかと……。○○さんどうだろうか」
　→忙しすぎて業務改善の時間を取れないし、その間余計に忙しいのではないですか。

・「確かに途中では負担もあるが、このまま放置して身体を壊してはどうしようもないし、私自身が今回、先にやってみたのだが、何とかみんなで協力すればそれほどの負担ではないと思えるのです……。何よりも1つでも改善できればその分「ラク」になるので……。とりあえず、やり方を説明するのでまた意見をほしいのですが……」

〜以下：略〜

業務改善の趣旨については（1章1節1参照）、「チームのみんなが幸せになろう」との思いを共通認識しながら、なぜ行うのかについて、本音で話し合うことが大切です。そして推進計画書を基に「目標」「推進方針」についても話し合いましょう。

②業務改善の進め方の確認

「なぜ行うのか（取り組む背景、目的）」「目標」「推進方針」に合意できたら、次に今回の進め方について、業務改善手法（総点検方式）が適

していることを説明しましょう（1章参照）。つまり、情報システム化やアウトソーシング・シェアードサービスはお金がかかる上、自チームだけではできません。BPRや組織機能の見直しなども、自チームで行うのは難しいです。また定員管理・時間管理や行動形態改善の手法では大きな効果時間を期待しにくいため、今回は業務改善手法（総点検方式）を選んだのです（ただし、業務改善の中で発見された採算の合う情報システム化は取り込みます）。

　そして業務改善のステップごとに実践ミーティング方式で「みんなが一緒に学びながら実践する」進め方を確認しましょう。

　「進め方」は話や文章だけではなかなかわかりにくいものです。そこで具体的に「どのようなフォーマットにどう記述するのか」という実際のイメージを業務改善のステップ別に実例を見てもらいながら説明しましょう（図表2-4参照）。

図表2-4　業務改善のステップ別の具体的なイメージ

＜第1回ミーティング＞ 〜業務の見える化〜	＜第2回ミーティング＞ 〜改善アイデア出し〜	＜第3回ミーティング＞ 〜改善案まとめ〜	＜第4回ミーティング＞ 〜実施計画づくり〜
自己業務改善点検表の記述例を示す	改善着眼ワークシートの例を示す	改善案シートへ記述した例を示す	詳細実施事項を記入したスケジュール表の例を示す

　そしてより実感を持ってもらうために、各シートを実際に作成してみた改善スタッフから、改善への役立ち具合と記述の負荷などを説明してもらいましょう。なお「できるだろうか」という不安を持つ人が安心できるように、ステップごとに時間を取って実習し、みんなで協力し合って進めることを確認しましょう。

③休憩と質疑

推進計画書の説明と話し合い（合意）ができたら、一度休憩を取り、これまでの内容を振り返る時間を持つことも、腑に落ちやすくなる手助けになります。なお、この時に質問が出たり、自分自身でも疑問に思うことが出てくるかもしれません。以下のような点を参考にしましょう。

Q&A 疑問・質問とその考え方

業務改善の趣旨や進め方については1章「準備」のところでも<Q&A：疑問・質問とその考え方>を紹介しました。しかし具体的な帳票のイメージを見たり、話し合いがあると、異なる疑問や質問が出てくることがあります。

Q1 こんな面倒な手順を踏まなくても、要は改善案だけ出せばよいのではないか

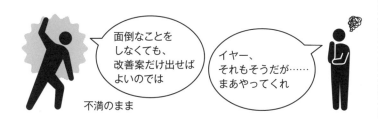

面倒なことをしなくても、改善案だけ出せばよいのでは

イヤー、それもそうだが……まあやってくれ

不満のまま

具体的に帳票のイメージなどがわかると、大変そうだとの印象から、「もっとラクに改善案だけ出せないか」との疑問や質問の出ることがあります。進め方に納得できないと、本気での活動が難しくなるため話し合いは重要です。

・・・

A 何よりも今回の進め方は「改善案を確実に出す」ためのもの

だということを確認しましょう。最終的には「改善案を出せばよい」のですが、「改善案だけ出そう」では、できる保証がないのです。仮に何もしなくても改善案を出せるのなら、これまでも改善しようとしたはずなのに、なぜその時にできなかったのでしょうか。1つ2つの見つかった改善案だけ出せばよいのではなく、「目標パーセントまで改善案を出す」ためには、しっかりと手順を踏んで進めることが不可欠なのです。

　また、1人ひとりが「改善力を付ける」という視点も大切です。「業務改善の考え方」のところで説明しますが（61ページ）、業務改善は「本来業務」であり、全員が改善力を付ける必要があります。そこで、体系的な改善の進め方を行い、各ステップのどこにどういう力が必要かしっかりと理解し、不足している力を付けながら進めるのです。特に業務の見える化を行い、多角的に改善アイデアを検討するとともに、自分が気付いた改善アイデア以外に他の人の異なる見方も学び、「改善を見る目」を育てていくことが大切です。

Q2 業務が同じなら改善案も同じなので、その部分は誰かが代表してやればよいではないか

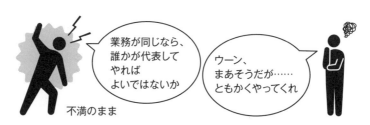

業務が同じなら、誰かが代表してやればよいではないか

不満のまま

ウーン、まあそうだが……ともかくやってくれ

　この質問は負担という面からはその通りですが、しっかりと考え方を整理しておかないと、人に頼む気持ちが出て改善活動に集中で

きなくなりかねません。

・ ・ ・

　A　今、2人が同じ業務を行っている場合、1人しか検討しないなら1人の改善案しか発見できません。そして、目標に達しないこともあり得ます。しかし2人とも考えて両方の案を検討し、お互いの案をヒントにしてさらに追加案を考えると、間違いなく目標まで改善案を見つけられるでしょう。今回は何としても目標を達成したいのです。

　また、改善は本来業務（次節の「業務改善の考え方」参照）であり、1人ひとりが自分の業務に改善を考えるのは当然のことです。そして本来業務だから、「改善力を付ける」必要があります。2人でいったん別々に考え、後で学び合うことは、自分とは異なる改善の見方を学ぶチャンスです。改善力の中でも大切な「異なる視点から見る力」を身に付ける絶好の機会になります。

2 業務改善の考え方

　業務改善の趣旨と進め方にみんなが賛同できたら、次はいよいよ実践ですが、その前に「業務改善の考え方」を確認しましょう。というのも、今回の業務改善では主として（特に最初）自分の業務に自分で改善案を見つけるのですが、たとえば「悪い点を直すのが改善」という既成概念があれば、私の仕事は悪くないとの思いから改善案を見つけにくくなります。同様に「業務改善といっても主な改善は情報システム化（ICT化）だ」というような偏った考え方をしていると、ICT化以外の改善案を見つけにくくなります。

　このような業務改善への偏った考え方を正し、適切な考え方で取り組むことにより改善案を発見しやすくなります。改善案発見のためにホワ

イトカラー部門における「業務改善の考え方」として大切なものは次の4点です。

①業務改善とは「より良くする」こと
②業務改善とは「本来業務」であり、改善力を付けること
③業務改善とは「多角的に考える」こと
④業務改善とは「これまでと次元の違う発想にも挑戦する」こと

以下、これらのポイントを確認しましょう。

▶ポイント　改善案発見に大切となる「業務改善の考え方」

①業務改善とは「より良くする」こと

　広辞苑で「改善」を引くと、「悪いところを改めてよくすること」になっています。そこで、改善は「悪いから直す」との考え方になっていることがあります。特に、ホワイトカラーの業務は多種少量なため、専門家が業務を設計するのは手間がかかり過ぎるので、業務を遂行する本人がその「やり方」を決めることが多くなります。本人がやり方を決めている（または先輩が決めたのを引き継いで了承している）と、「悪いところがある＝自分の決め方が悪い＝自分が悪い」との思いになりやすいのです。自分は「悪くない」との潜在的な思いが誰にもあるため、「改善点はない」との思いになりやすいのです。

　そこで業務改善における「改善」は、「悪いところを直す」のではなく「機会損失をなくす」と理解する必要があります。つまり今のやり方に比べ、もし他にもっと良い方法があれば、今の方法をとることで儲けそこなっているのであって、この儲けそこない（機会損失）をなくすこと、つまり「より良くすること」が改善なのです。

　⇒改善は世界中を、また将来をも見越した「より良い方法」

を探すことであって、時間も空間も広げて考えるのですから「無限の可能性」があります。自己業務改善点検表を記述しながら、より良い方法を探しましょう。

②業務改善とは「本来業務」であり、改善力を付けること

みなさんは業務改善を「本来の業務」と考えているでしょうか。業務改善は何か特別のことという考え方が、まだ残っていることがあります。図表 2-5 を見てください。

図表 2-5　業務と改善の認識

```
A：業務＝遂行
B：業務＝遂行＋改善
C：業務＝改善＋遂行
```

以前は「業務＝遂行」と考えられていました（図表 2-5 の A）。言われたことを行うのが業務であるとの認識です。その後製造現場において改善活動が盛んになり「改善も一緒に行うのが業務」と認識されるようになりました（図表 2-5B）。しかしながらホワイトカラーにおいては、むしろ「改善こそ業務」と認識する必要があります（図表 2-5C）。

今日、経営に求められるものは「イノベーション」であり、それに伴って業務も常に変化します。ここに「イノベーション」の推進と、それに基づく新しい業務設計がホワイトカラーに期待される業務になります。つまり、常に新しい業務に変えていくこと（改善、新設計）が「本来の業務」なのです。そして業務改善が本来業務であるからには、「改善する力（改善力）」を身に付けていなければなりません。

⇒自己業務改善点検表を記述しながら、本来業務として改善案を考えましょう。そして改善力を向上させましょう。

③業務改善とは「多角的に考える」こと
　「改善力」を付けて改善案を発見するには、改善を考える「視野の広さ、各種の視点」を学び、多角的に考えることが大切です。というのも、私たちは過去の改善経験の影響を知らない間に受け、改善アイデアの発想に偏りがあるのです。

　この偏った発想の代表的な１つが「改善＝最適な方法を探すこと」との認識です。つまり、「業務＝遂行」という考え方が続いたことなどから業務とは「やること＝方法」であり、業務改善は「方法の改善」である、との考え方に慣れてしまっているのです。しかし、業務は「目的を達成すること」であり、「やること」ではありません。
　そしてこう考えるからこそ、目的を達成するためにはいろいろな方法があると気付けるのです。つまりやり方は千差万別なのです。さらに、「目的最適化」の改善余地もあります。しかし「業務＝やること」ととらえていると、今のやり方の一部の改善（不備点の修正）程度しか気付かないことが多いのです。

　　⇒「業務は目的を達成する方法」と考えて、自己業務改善点
　　　検表を記述しながら、いろいろな方法を多角的に検討しま
　　　しょう。

④業務改善とは「これまでと次元の違う発想にも挑戦する」こと
　改善力（または創造力）を付けるには、多角的に考えるとともに、これまで考えもしなかった（いわば次元の違う）発想（改善アイデア）に気付く体験が重要です。物事を根本から変革するような改善アイデアの発見を体験すると、視野が大きく開かれ、いろいろな発想をできる改善力が身に付きやすいのです。
　そのためには、私たちは自分が行っていること（方法）に固執しがちなので、これを忘れ去って違う視点から考えるために、「目的に特化して考える」のが良い方法になります。その秘訣が、目的を意図して変えてみることです。目的を変えようとすると目的を考えざるを得ず、現状（方法）を忘れることが可能にな

ります。そして目的が変わると、それまで「まと（ねらうところ）」にしていたものが変わるのですから、おのずと異なる方法（これまでと違うやり方）に気付きやすくなるのです（図表 2-6）。

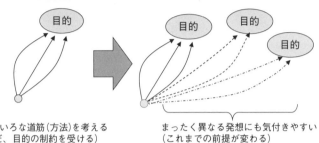

図表 2-6 目的の変更と異なる方法への気付き

いろいろな道筋（方法）を考える
（まだ、目的の制約を受ける）

まったく異なる発想にも気付きやすい
（これまでの前提が変わる）

　たとえばある報告書の改善を考える時にも、この部分の作成は ICT を活用して、ここは文章を短く……のように現状を前提とした方法の改善を考えるのではなく、まず報告書の目的は何かを考え、「目的は業績報告と情報提供と考えられるが、業績は別のデータがあるため必要なく、情報提供が本来の目的である」のように目的そのものを検討します。そしてここで止まらずに「情報提供は使う人の目的がわからないと何が必要かわからないのであり、情報提供の内容は新製品に結び付く顧客ニーズに絞ってはどうか」のように目的を掘り下げて検討します。そして新製品の発想が目的なら、情報提供を受けた上司だけが行うのは疑問で、1 人ひとりが情報提供でなく、むしろ新製品のアイデアを提案する仕組みに変えてはどうか、というように前提をも変えて検討するのです。

　このように「これまで考えもしなかった（次元の違う）改善アイデア」に気付くためには、目的を変える発想に慣れるとともに、改善を「考え抜く」ことが重要です。そして考え抜くためには、「改善目標を必ず達成する」「改善は必ず見つかる」と

の改善をやり抜くことへの信念を持っておくことが大切です。目的の視点から目標を達成するまで考え抜くことで、「これまでと次元の違う改善に気付いた体験」をすることは、何物にも代えがたい財産になります。

⇒自己業務改善点検表を参考に、目的を見直して思い切った改善を、考え抜きましょう。

(業務改善を機会損失とする考え方は、日本能率協会コンサルティングの研修テキストを参考にしている)

3 「業務の見える化」の進め方（ⅰ） ～見える化の必要性理解

　業務改善の考え方を共通認識できたら、いよいよ「業務の見える化」の実践です。「業務の見える化」は改善アイデアを出すために必要不可欠ですが、やっかいなのは手間（負荷）がかかることです。この苦労（負荷）を乗り越えて成功するには、「なぜ必要不可欠なのか」に得心しておくことが大切です。以下の3点を押さえておきましょう。

①改善アイデアを出すために「異なる視点から検討できる」ようにする

　業務改善の成否は「改善アイデアを多く出せるか（目標以上）」にかかっています。ここで注意すべきは、私たち1人ひとりは改善アイデアを考えるのがおそらく今回が初めてではない、という点です。つまりこれまでにも考えたことがあるのであり、「これまでと異なる新しい見方」をするための手を打たないと新しい改善アイデアは見つかりません。

　しかし、これまでと異なる新しい見方をするのは大変難しいことです。そこで図表2-7のように、考える対象としての業務を「見える」ようにしておき、「異なる視点から意識的に検討する」ことが重要になります（異なる視点については3章参照）。

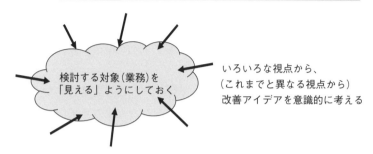

図表 2-7　見える化と異なる視点からの検討の重要性

検討する対象（業務）を
「見える」ようにしておく

いろいろな視点から、
（これまでと異なる視点から）
改善アイデアを意識的に考える

　もし、異なる視点から検討しようとした時に「業務の見える化」ができていないと、対象となる業務を思い出そうにも一部しか思い出せなかったり、業務を思い出すことに追われて自分では考えているつもりでも異なる視点から十分に検討できなかったりします。しかし見える化できていると、対象は目の前にあって考えなくてもよいので、「意識して異なる視点から考える」ことができます。その上、見える材料があると「他の人（異なる視点を持った人）」にも改善アイデアを検討してもらいやすくなります。こうして自分の多角的な見方を身に付けることは大きな財産になります。

②改善アイデアが出ていない時に「対策を打てる」ようにする
　業務改善を成功させるには、改善アイデアが出ていない時に手を打てる（出せる）かどうかが鍵になります。いくら異なる視点から考えるように努力しても、自分の業務ですから今のやり方に慣れてしまっていて改善アイデアを見つけられないこともあります。しかし、目標達成のためには何としても対策を講じなければなりません。ここに「見える化」を行なっておくと、以下のような対策を打てるのです。

　対策の第1は同じ業務、類似業務など「仲間の業務のやり方やその

改善アイデアを見る」ことです。同じ業務の所要時間を比較する、業務の進め方を比較する、問題点や改善アイデアを参考にする、などができます。このためには全員が「業務の見える化」を行っておく必要があります。また見える化できていると、その業務の前後の業務の進め方や改善アイデアなどもヒントにできます。

　第2に、改善アイデアが出ていない業務に対しての応援です。チームリーダーや改善スタッフが改善アイデアの発見を応援する際に「業務の見える化」ができていないと、業務を最初から聞く必要があり、また自分の都合のよい時に検討できません。そしてチームリーダー、改善スタッフ、関係する仲間が集まって改善アイデアを出し合う際にも、業務をわかる材料がないと何も見ずにディスカッションを行うことになります。

　第3には、見えるものがあることで、「何度も、集中して」考えることを、本人も応援する人も行いやすくなります。改善アイデアはちょっと考えただけで思い付くものではありません。「何としても改善アイデアを出す」との強い決意で、何度も何度も集中して考えることで気付くのです。このためには、目の前に「見える材料」があることで、頻度高く集中して考えることができるのです。

③業務時間を把握して改善効果を測定し、改善案の出具合を点検する

「業務の見える化」により業務の所要時間が把握できていることで、改善効果の測定ができます。また業務の時間は、目標達成に向けてどの業務にどのくらいの改善が必要かといった目安を持ち、改善の重点を明らかにするためにも大切です。そして途中で改善案（完成前は改善アイデア）の出具合を点検し、改善アイデアを追加すべきターゲットを明確にすることにも役立ちます。

　なお業務の見える化は、全員分を集めて整理することで、業務の応援体制や分担の検討にも効果的に活用できます。

4 「業務の見える化」の進め方（ⅱ）〜自己業務改善点検表のフォーマットとその記述要領

「見える化がなぜ必要なのか」について納得できたら、次は実践（業務の記述）です。業務項目はすでに準備できています（1 章の業務体系表（41 ページ））。したがって次の課題は「どのフォーマットに、どう記述するか」です。

①今回フォーマット（自己業務改善点検表）活用の理由（良さ）

　自己業務改善点検表のフォーマットは既に 1 章図表 1-14 に示しました（次ページ図表 2-8 に再掲）。どう記述するかの詳細は次節で説明しますが、その前にこのフォーマットを活用する理由（良さ）を理解しておくことが大切です。

　何と言ってもこのフォーマットが良い理由は、改善アイデアを発見しやすいように設計していることです。そもそも業務の見える化は改善アイデアを見つけるために行うのであり、「この点に改善アイデアが見つかりやすい」という部分を見える化することが大切です。そこで、「ここに改善アイデアが見つかる」という過去の経験を参考にすることが考えられます。この改善アイデア発見のための代表的な視点として、日本能率協会コンサルティングがまとめた「改善 8 原則」と言われるものがあります。そして今回の自己業務改善点検表は図表 2-8 のようにフォーマットの各項目が改善 8 原則と関連付いているのです。

図表 2-8 自己業務改善点検表のフォーマットと改善視点

| 自己業務改善点検表 | 所属 _____ 氏名 _____ | | | | | 年　月　日作成 |

業務分類			業務の内容	業務の流れ			当業務の発生頻度				当業務の所要時間			作成資料	問題点／改善アイデア
大分類 No.	中分類 No.	小分類 No.	(内容・処理の仕方を具体的に)	誰/どこ から	誰/どこ へ	日 週 月 年		件数 (A)			最短 最長 平均 合計時間 (B) (A×B)			(伝票・台帳 実績表等)	困る事、気付いたアイデア等 できるだけ多く（記入する）

①業務価値見直しの点検
（廃止、削減）

業務の項目から、その業務の価値を確認する。やめる、任せる、減らす、と考えてみる。

②方法改善、③機械化の点検

業務の内容・処理の仕方を記述することで、その方法がよいか、もっと簡単にできないか、と方法改善を考える。また機械化できないか検討する。

④例外改善、⑤分散・集中化の点検

仕事の流れを把握し、前工程から正しい材料が来ているか、分担が良いか（分散・集中化）について点検する。

①業務価値見直し（削減）、⑤分散・集中化、⑥平準化の点検

頻度を把握し、減らす、分散・集中化、平準化を点検する。

②方法改善、③機械化の時間面からの点検、④例外改善、⑧スキル向上の点検

もっと短い時間でできないかの方法改善、機械化を検討する。時間が長い場合と短い場合の違いから改善できないか点検する。そして例外改善とスキル向上を点検する。

①業務価値見直し、③機械化のアウトプット面からの点検

アウトプットとしての作品、資料を分析する。

(注．①〜⑧は改善8原則の番号。ただし⑦単価対策の原則は今回の業務改善では使わない)

(改善8原則は秋月隆男著『業務改善の基礎テキスト』日本能率協会マネジメントセンター、1996年より引用し一部変更、詳しくは中田崇著『ホワイトカラーの業務改善』日本能率協会マネジメントセンター、2017年参照)

なお、自己業務改善点検表は記述しながら改善アイデアを検討する位置付けにしていることも重要な点です。つまり、単に「見える化」するのではなく、「自己業務改善点検表」という名前の通り、書きながら「改善を自ら点検」し、改善アイデアを考えるのです。具体的には図表 2-8 のようにフォーマットの各項目に関連した改善視点を参考に、記述しながら（また記述後に）改善アイデアを見つけていきます。このフォーマットの意図する見える化とは、単に現状を見える化するのではなく、書くことを通じて点検することで、改善アイデアも検討（見える化）するものなのです。

②自己業務改善点検表の記述要領

　自己業務改善点検表の全般的な記述要領は図表 2-9 の通りです。

図表 2-9　自己業務改善点検表の記述要領（全般）

(1) 自己業務改善点検表とは
・自己業務改善点検表とは、業務の改善アイデアを出すために、各人が自分の業務についてその具体的内容や時間等を記述するとともに、自ら点検し改善アイデアを考えるもの。

(2) 記述の目的
・1人ひとりが自分の業務の改善アイデアを考えていくことに役立てるとともに、組織として改善アイデアを検討していくことに役立てる。

(3) 記述者
・自己業務改善点検表は業務改善活動の対象者全員が記述する。

(4) 記述の対象範囲
・業務体系表を見て、自分の担当している業務についてすべて記述する（自分の全業務を記述する）。
　（なお、担当している業務が業務体系表に漏れている場合にはチームリーダーに連絡すること）

(5) 記述の対象期間
・自己業務改善点検表は、自分の1年間の業務について漏れなく書く（1年に1回の業務も書くこと）。
　（今回は、○○年○月～○○年○月の期間について記述）
　（注）途中で人事異動や業務分担に変更のあった人は相談すること。

(6) 記述の留意点
・目的は現状を改善していくことであり、今行っている実態を記述する（理想、本来、で書かない）。
・自己業務改善点検表の記述枚数が少ないと改善アイデアを見つけにくい。記述枚数は10枚を目安にする。
・単に業務を記述するにとどめず、改善アイデアまで検討し、メモする。
・次回のミーティングで使うため、必ずそれまでに完成しておく（見せ合ったり、協力し合って可）。

(7) 年間合計時間の点検
・記述が完成したら、自分が見積もった（記述した）年間合計時間が、年間勤務時間に照らして妥当かどうかを確認する（厳密に合わなくとも、±5～10%程度の差はよい）。

| 見積もった（記述した）
年間合計時間 | ⟷ | 年間勤務時間＝年間所定時間＋年間残業時間
　　　　　　　－年間休暇日数×○時間／日 |

（日本能率協会コンサルティングの研修テキストより引用し一部変更）

自己業務改善点検表には 1 人ひとりが自分の業務について、その内容と時間を記述します。記述の期間は 1 年間であり、直近の半期を区切りにして設定します。途中で業務分担に変更などがあった場合には、他のメンバーと記述の分担を調整し、チームとしての年間業務時間に過不足が発生しないようにしましょう。

　自己業務改善点検表の記述枚数は 10 枚が目安です。記述前に業務体系表の該当する自分の業務に印をつけてみて、記述すべき業務の項目数を点検しておきましょう。多過ぎる場合には記述に時間がかかるため、記述を簡易にしてよい部分がないかチームリーダーと相談しましょう。また少な過ぎる場合には所要時間の大きな業務について、自己業務改善点検表の「業務の内容」欄を「2 行」使って記述するなどの方法について相談しましょう。

　なお、個々の項目ごとの記述要領は図表 2-10 の通りです。

図表2-10　個別項目ごとの記述要領

自己業務改善点検表　　　　　　　　所属　　　　氏名　　　　　　　　　　　　年　月　日作成

大分類No.	大分類	中分類No.	中分類	小分類No.	小分類	業務の内容（内容・処理の仕方を具体的に）	誰/どこから	誰/どこへ	日	週	月	年	件数(A)	最長	最短	平均(B)	合計時間(A×B)	作成資料（伝票・台帳・実績表等）	問題点/改善アイデア（困ること、気付いたアイデア等できるだけ多く記入する）
1	内部事務（営業系）	1	企画書作成	1	ヒアリング	営業の仲間に類似ケースが過去にあったかを聞いてみる（グループ内と関連チームのリーダークラス、同期）。	仲間	自分			2		24	90	10	30	12	メモ	誰にどういう経験があるのかわからない。一番詳しい○○さんに遠慮しがち→△さんに紹介してもらう。
				2	情報収集	類似ケースの企画書を仲間から収集した上で、企画の過去の良い事例を抜き出す。また、必要なデータを収集する。	仲間	自分			2		24	120	10	45	18		企画書の良いサンプルがない。
				3	素案作成	収集したデータを加工し、また過去のパターンを参考にして文章化する。途中で悩んだときには仲間に相談する。	自分	自分	1				50	180	30	90	75	企画書素案	文章作成の時間がかかる。→一例文集を多く集める。文章力向上。

- 業務体系表を見て、自分の担当している業務を業務体系表の表現の通りに記述する。
- 業務体系表の小分類の内容・処理の仕方をわかりやすく記述する（実際に遂行している通りに記述する。また小分類名よりも詳しい中身を記述する）。
- 誰から誰へ、どこからどこへ、氏名または部署名を書く（業務の相手が自分のこともある）。
- その業務が、日、週、月、年に何件発生するのかその平均発生件数を記述する（いずれかの欄のみに記述する）。
- その業務の1件当たりの処理時間を分単位で記述する（平均は最長と最短の単純平均でなく加重平均）。
- 伝票、台帳、報告書等、業務を遂行する際に作成する資料名を記述する。
- 気が付いた問題点、改善アイデアをできる限り多く記述する。

③記述の点検

　自分の分担している業務をすべて記述できたら、最後にその記述した業務の所要時間を点検します。所要時間の合計が1人ひとりの年間勤務時間の実績（年間所定時間－休暇時間＋残業時間）にほぼ合致していれば合格です。もし差がある場合には、記述項目に漏れがないか、記述した頻度や時間が妥当かなどを点検し、その差が±10％内に収まるようにしましょう（ピッタリ同じに合わせる必要はなく、ほぼ合致していることで、改善を考えていくための材料としての納得感があればよ

い）。

　そして記述したものを振り返って「問題点／改善アイデア点」欄に、気付いたことをメモできたか確認しましょう。気付いた（点検した結果発見した）問題点や改善アイデアまでメモできて、はじめて見える化の完成です。

5 自己業務改善点検表の記述実習

　自己業務改善点検表の記述要領を理解できたら、すぐに実際に書いてみるのがよいです。「後で書く」のでは、いざ書く時になって不明点が出てきかねません。

①自己業務改善点検表の記述実習の意義

　記述実習は、単に「書いてみないと不明点がわからない」から行うというだけではありません。一度取りかかってしまえばおっくうさは消え、みんなが努力していることを実感でき、作成の負荷もわかり締め切り期日を守りやすくなります。

　また、みんなで見せ合いながら実習しておくと例を多く見ることになり、自分1人で作成するよりもスピードアップが期待できます。さらに今後、同じ業務や類似業務などについて作成の協力もしやすくなります。

②記述実習の進め方

　実習は、業務の類似した小グループ単位で行うのがよいでしょう（全体の人数が少ない時は不要）。小グループの方が見せ合ったり、相談しやすいのです。小グループに分かれたら、1人ひとり、自分の該当する業務を「業務体系表」で確認しましょう。全体の記述範囲を確認してお

くと計画を立てやすくなります。

　そして、まずは業務項目のいくつかについて、自己業務改善点検表を数行記述してみます。こうすることで記述する上で不明点がないか確認できます。みんなが疑問点なく書けるようになったら、小グループ内でお互いのものを見せ合って、参考にしましょう。特に同じ業務、類似業務を行っている人同士で作成の相談をしてください。そして、完成までの日程計画を立てましょう。

③実習と記述の注意点など

　実習およびその後の記述時の注意点は、同じ業務を行っている人同士が分担する場合に、「コピーし過ぎない」ことです。分担するとラクなのですが、すべて他のメンバーのものをコピーして流用するのでは、自分の実態を反映しなくなります。「業務分類、業務の流れ、作成資料」（コピーでも問題がないもの）以外は、1人ひとりが記述することを徹底してください。

　業務の内容や時間について、自分のやり方を書くことで、やり方を見直せるとともに、後で他のメンバーと比較できて改善案の発見につながります。また「問題点／改善アイデア」は独自に考えて記述するからこそ、後でお互いに追加し合えるのです。

　実習時間に制約があるため、持ち帰って日常の中で完成することになりますが、その作成期間は2週間とすることが多いです。これはあまり期間を長くするよりも、集中して作成した方が負担感も少ないからです（実質の所要時間は1日程度のことが多いです）。

Q&A 疑問・質問とその考え方

　自己業務改善点検表の作成に際しては、疑問や質問がよく出てきます。「業務の見える化」は業務改善活動の最初のステップであり、何としても成功させる必要があります。そこでしっかりと腑に落ちるように1人ひとりが得心しておくことが重要になります。

Q1 量が多くて書くのが大変だ。残業が多いので大変なのですよ

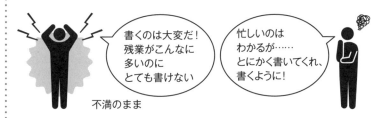

書くのは大変だ！
残業がこんなに
多いのに
とても書けない

忙しいのは
わかるが……
とにかく書いてくれ、
書くように！

不満のまま

　「書くのが大変だ」との声に、「忙しいのはわかるけど書こう」とか「決めたのだからやろう」だけでは、心の中に不満がたまったままになりかねません。そして「良い見える化」にならず、成功できません。

・　・　・

A 　実際にどのくらい記述が大変なのかというと、人にもよりますが自己業務改善点検表の用紙1枚の作成に30分〜1時間くらいかかります。仮に45分とすれば、1人当たり10枚記述するとして450分であり7.5時間です。つまり約1日仕事であり、確かに書くのは大変です。次のような対策を取ることでカバーしていきましょう。

対策（ⅰ）＜効果と比べてみる＞

大変さ（負荷）に対して改善効果時間が30%とすれば、年間240日勤務として72日の効果になります。負荷と効果を比較すれば、1日÷72日＝1.4％です。効果時間の1.4/100しか負荷はないのであって、後でラクになることを考えるとぜひとも実施すべきです。

対策（ⅱ）＜作成の負荷を小さくする＞

次の対策は作成時間そのものを少なくする工夫です。同じ業務を行っている人同士は、協力し合って分担して作成し、それを参考にすると少ない時間で作成できます。同様に、類似の仕事をしている人とも相談し合いましょう。少なくとも全社共通業務は協力し合えます。また業務に慣れていない人は時間がかかりやすいため誰かに見せてもらうのがよいです。

対策（ⅲ）＜精神的な負担感を少なくする＞

精神的な負担感を減らすには、「役立ち」を感じるのがよいのです。そこで自己業務改善点検表を書きながら、改善案を並行して考えましょう。良い案が見つかり、すぐに実施できれば、それだけ時間がラクになります。

また集まって作成するのも良い方法です。何人か集まりワイワイガヤガヤと話しながら作成すると負担感が少ないものです。なお、「小分け」にすると負担感が少なくなるため、毎日夕方に30分間記述するなどの進め方も効果的です。何とかして8割程度までできれば、最後まで完成しようとの意欲が湧き負担感も少なくなります。

対策（ⅳ）＜日常の繁忙に手を打つ＞

日常業務の繁忙を減らせないかも検討しましょう。改善できれば

時間が生まれるのですから、今の忙しいピークを何とか克服するのです。たとえば内部の会議は時間を短くして、全員で自己業務改善点検表を作成する時間に当てるなど、先延ばしできる業務があればこれを先に延ばすことも検討しましょう。また大変そうな人を応援できる部分（業務など）があれば応援しましょう。

Q2 思い出したのでは、時間は正しくないのではないか

このような「もっと時間を正確にしないと後で困るのではないか」という心配の声が挙がるケースでは、「これでよいのだ」と決めつけるのではなく、時間の精度について考えてみることが大切です。

● ● ●

A 時間の測定方法とその精度について、たとえばストップウォッチで業務の時間を実際に測定する場合を考えてみましょう。直接測るのだから正しそうですが、速く業務を遂行した時とゆっくりの時では大きな差があるため、そのスピードを評価して修正しなければなりません。

また、業務に何かの例外が生じると一気に時間が取られるため、例外は区別して別途に測定しなければなりません。もちろんトイレ休憩や疲れなどの各種の余裕時間も適切に決めなければなりません。このように「正しい時間」を追求しようとすると大変な労力を必要としますが、それでも「正しい」とは言い切れないのです。

そこで、時間については「業務項目に漏れがないこと」と「記述した合計時間が年間勤務時間とほぼ合致していること」で、妥当な時間として考える（扱う）ことにしているのです。そして時間の正しさよりも改善案を多く出すことに力を注ぎます。もし改善効果の測定などでもっと詳しい時間が必要になった場合には、別途その部分の時間を詳しく測定し修正すればよいのです。

　改善効果時間を多く出すことが目的であり、時間はみんなが「そのくらいだろうと納得できればよい」のであって、1人ひとりが「そう大きく時間は間違っていない」と思えるレベルでよい旨を確認しましょう。

Q3 記述した合計時間が年間勤務時間に合わない時はどうするのか

書いてみたら、年間勤務時間に不足する、合わない……

不満のまま

ウーン……、とにかく合わせてくれ

　時間を「何としても合わせよう」とするのは大変です。以下の点を点検しましょう。

● ● ●

　A まず業務項目の漏れを確認します。業務項目が漏れていると当然時間が不足します。特に途中で業務分担に変更があった場合などでは、「引継ぎ業務」などが業務体系表に漏れていることがあります。またこの場合には、時間も慣れた後の時間ではなく、慣れていない時期も含めた平均の時間で記入しているか確認する必要があ

ります。

　業務項目に漏れがない場合、次に業務所要時間が適切に記述できているか点検しましょう。たとえば業務所要時間を「正味時間」で記述し、途中でのトイレ休憩や疲れなどの時間（各種の余裕時間）を含めていないことがないか確認しましょう。これらも含めた時間にしないと、当然ながら年間の勤務時間と合いません。また業務の中の例外に要する時間を短く判断し過ぎていることもあります。例外は「悩む時間」などが予想以上に大きくかかっているものです。なお、業務にピーク・オフがある場合には注意が必要です。特にオフ時における業務にとりかかる前の準備やいろいろな整理、また学習などの時間も書かないと、記述した時間合計が年間勤務時間と合わなくなるので、点検しましょう。

3 第1回「業務の見える化」ミーティング後のフォロー活動

1 第1回「業務の見える化」フォロー活動の進め方

　業務改善の最初のステップを順調に進め、「成功しそうだ、できそうだ」とのムードをメンバーみんなでつくっていくことが大切です。これが逆に遅れだすと、「遅れ＝恥かしい」との気持ちが働くなどして、前向きな対策の検討でなく、業務環境や改善活動のアラ探しを行うようなことになって雰囲気が暗くなりかねません。こんな状況にしないためにも「フォロー活動」をしっかり行うことが大切です。

①「フォロー活動の考え方」を共通認識する

　実践ミーティングの場で合意し実施することになったことを順調に進め、次回ミーティングまでに完成できるようにしていきます。このフォロー活動で大切なことは、「遅れていないかのチェックにしないこと」です。「えーっ、だって遅れの点検だろう」と思われる人がいるかもしれません。しかし、業務改善活動は上からの指示でイヤイヤ行っているのではありません。これはチームが良くなる（時間を生み出す）ために、みんなが合意した「主体的に取り組む」活動です。したがって、みんなその仲間であり、「上→下」のチェックではないのです（図表 1-9 参照）。

　つまり、やることに合意した仲間が主体的にやろうとしているのに、チェックするのでは仲間を信頼していないことになります。そうではなくて、疑問の早期解消などを行い、より「スムーズに進められる」ようにし、また日常業務の繁忙などから遅れている場合に「協力・応援」していくのがフォロー活動なのです。

目標達成に向けて、みんなが頑張っているのであり、それをスムーズにするのがフォロー活動であることを共通認識できれば、フォロー活動に積極的に取り組めるでしょう。少しでも「フォロー（チェック）されるのは嫌だ」「フォロー（チェック）するのはおっくうだ」との気持ちが残っている時は、もう一度フォロー活動の考え方を確認することが大切です。

②フォロー活動の具体的な進め方

　ざっくばらんに本音で困っていることを話し合うことがフォロー活動成功のポイントです。このためには１対１でフォロー活動（インタビュー方式）を行いましょう。業務が同じであっても他に人がいては、なかなか本音を言いにくいものです。

　具体的には、第１回ミーティングでの「質問がないか」について、まずヒヤリングします。活動に打ち込むためには、どんな小さな疑問も最初のうちに解決しておくことが大切だからです。次に自己業務改善点検表を作成する上での疑問点について尋ねます。そしてこれまでに記述できた量と残りの量を尋ね、同時にこれまでにかかった時間と今後の見通しについても聞きましょう。その上で「困っていることがないか」について聞くのです。まずは、１人ひとりの実態を把握することが大切です。

　もし遅れている場合や、期日（締め切り）までに完成するには負荷が大きそうなときには、忌憚なく「どうしたらよいか」話し合いましょう。期日に間に合わせるための対策を一緒に検討するのです（次節参照）。

2 自己業務改善点検表の記述が遅れそうな場合の 対応策

　フォロー活動を行ってみると、自己業務改善点検表の記述が進んでいないなど、遅れが心配な状況も出てきます。たとえば2週間の期限で行った場合、「最後でやればよいだろう」と日常業務を優先しているケースなどです。最後で完成しようと考えていて、そこに緊急事が発生すると結果としてできなくなってしまいます。

　そこで途中で記述が進んでいない場合や、遅れそうな心配のある時には、遅れを取り戻すとともに先々遅れないように対策を検討することが大切になります。これには次のような対策が効果的です。

対策① ～記述する時間枠を設ける

　遅れを挽回し先々遅れないようにするには、何と言っても時間を投入して記述しないことには始まりません。そこで毎日夕方5時から集まって記述するなどの方法を話し合いましょう。会議を開いて書くのも効果的です。何人かで集まってワイワイガヤガヤと、とにかく書いていれば前に進むものです。そしてみんなと一緒だと負担感も少ないのです。

　またメンバーによっては毎朝15分書くとか、昼休み前後に15分書くなどの「ちょっとした時間」をうまく活用するのも効果的です。忙しくてどうしても時間枠を取れそうにない場合には、業務の応援策なども検討しましょう。

対策② ～類似業務のメンバーと協力し合う

　2つ目は他のメンバーと協力し合うことです。そのためには同じ業務のメンバーがいれば一番よいのですが、類似業務でも参考になります。メンバー間で「どこを先に作成するか」の計画をつくり、日を決めて持ち寄るのです。そして交換し合って、参考にして作成します。こうする

ことでスピードが速くなるとともに、その交換日までに一定量が記述できることにもなります。もちろん先にできている人がいれば見せてもらうと書くスピードが上がります。

対策③ ～粗くても8割までとにかく作成する

　①や②を利用して全体の8割まで、内容が少々雑でもまず作成することが大切です。残りが少なくなると、締め切り前のラストスパートもきくからです。そこで、進んでいるメンバーの事例を見るとか、上手なやり方を交流するなど、とにかく一定量まで進むように工夫しましょう。たとえば業務体系表に印を付けた分について自己業務改善点検表の「業務分類」欄の記述を応援するとか、共通業務部分は早くできている人のものをコピーする手などもあります。たとえ途中では少々内容が粗くても「あと少し」にして意欲を湧かせ、後で手入れすればよいのです。

　自己業務改善点検表は次回のミーティングで使うものであり、期日までに完成できている必要があります。そして次回集まった時に、全員が完成できていると、活動全体に活気が生まれ好循環を生み出せます。そのためにも最初のステップを何としても成功裏に進めましょう。

3章
改善アイデア出し

　3章は、業務改善活動の中でもっとも重要な「改善アイデア出し」です。このステップができれば、業務改善は成功したも同然です。

　本章では改善アイデアを出すための改善の見方（改善着眼）を数多く紹介しています。ぜひこれらを活用し、成功させましょう。

1 第2回「改善アイデア出し」ミーティングの準備

1 改善アイデアを出すために影響を与える要素とその重要性

第2回の実践ミーティングで「エッ、こんなに多くの改善アイデアが出たの」「すごいよ、これは。これなら目標達成しそうだ……」とみんなが思うような状況になれば、業務改善は成功したも同然です。というのも改善アイデアを目標まで（目標以上に）発見できれば、後はこれを改善案に仕上げて実施していくのであり、この部分は「時間さえかければできる」のです。

成功の鍵は、いかに多くの改善アイデアを出せるかであり、そのための要素を押さえておくことが極めて大切になります。

改善アイデアを出すためのツボ（要素）

「どうしたら改善アイデアを出せるのか」を考えながら、コンサルタントとして長年改善を行ってきた結果気付いた、「押さえておくべきツボ（要素）」を整理したものが図表3-1です。

図表3-1　改善アイデアを出すために押さえておくべきツボ（要素）

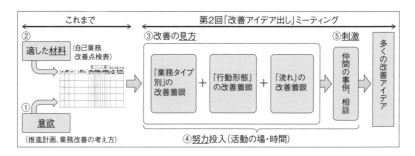

まず、改善アイデアを出すためには、何といっても「やろう」という意欲（図表 3-1 の①）が必須です。また良い（適した）材料（②）が不可欠です。そして改善の見方（③）を持って、必要なだけの努力（④）と刺激（⑤）を投入することで、間違いなく多くの改善アイデアを出すことができます。

　意欲については「業務改善をなぜ行うのか」として 1 章で準備できています。また 2 章で改善アイデアを出せるだけの材料として自己業務改善点検表もできています。そして「改善アイデア出し」ミーティング（＋その後の活動）で必要な「努力投入を確保」します（ここが第 1 のポイントです）。そこで、投入した努力が成果につながる「改善の見方」と「刺激」を設計できると、改善アイデアを出せます。この改善の見方が今回ミーティングの主要学習内容であり、2 節で詳しく説明します。

2 第 2 回「改善アイデア出し」ミーティングの準備物と時間計画

　第 2 回「改善アイデア出し」ミーティングは、全体の中でもハイライトとも言える重要なミーティングです。何としても改善アイデアを見つけられるように充実した準備を行い、ぜひ成功させましょう。

①第 2 回「改善アイデア出し」ミーティングの準備物

　第 2 回ミーティングのために、1 人ひとりは自分の作成した自己業務改善点検表（完成したもの）を持参します（パソコン持参で映写、または 2 人で 1 つ見るとしてメンバーの半数分をコピーして持参）。これを使って改善アイデアを出していくのです。事務局の準備物は以下の通りです。

＜これまでの経過＞

ⅰ）これまでの経過まとめ……初回の重要な内容を確認することが大
切です（付録の例を参照）。

＜改善アイデア出し関連＞

ⅱ）改善着眼のワークシート……今回のメイン資料です。次節で説明
する内容を要約したものを準備します（付録のテキスト例参照）。

ⅲ）改善アイデアの事例……改善アイデアの事例を準備します（チー
ムリーダーや改善スタッフの事例から抜粋）。

ⅳ）改善アイデア検討のルール……ブレーンストーミングの規則など
のディスカッションルールを準備します（付録参照）。

＜次回予定＞

ⅴ）日程表…次回までの予定を準備しておきます（口頭でも可）。

②進め方の時間計画

具体的な進め方の手順と時間計画の例は図表 3-2 を見てください。

図表 3-2 第2回「改善アイデア出し」ミーティングの進め方と時間計画例

ⅰ）初回の復習と結果 ……………………… 15〜20分程度
　　（目的、目標、推進方針、などのポイントを思い出す）
　　（自己業務改善点検表の完成を確認する）

ⅱ）改善着眼の理解（テキスト）………… 45〜60分程度
　　（事例などで具体的なイメージを持つ）

〜休憩〜

ⅲ）「改善アイデア出し」の実習 ………… 3時間程度
　　（小グループに分かれ、改善アイデア出し、ディスカッション）

〜途中休憩を含む〜

ⅳ）全体でのディスカッション…………… 1時間程度
　　（小グループの結果報告とアドバイス）

v) まとめ、今後の予定‥‥‥‥‥‥‥‥‥‥‥　5〜10分程度

　進め方のポイントは、改善着眼（改善の見方）を当てはめる実習時間をしっかり取り（努力投入）、またグループディスカッションを前向きにアドバイスし合う（刺激）ように行うことです。そして「目標まで改善アイデアを出せそうだ」との感触を持ってミーティングを終え、残りは持ち帰って次回ミーティングまでに完成させます。改善アイデア出しに困っているメンバーへのアドバイス時間を多く取るなど、みんなで協力し合うことが大切です。

2 第2回「改善アイデア出し」 ミーティングの実践

1 初回の復習と結果の確認

　ミーティングのスタートは初回の振り返りです。重要な業務改善活動をスタートしたのであり、その趣旨（なぜ行うのか）を思い出し、みんなが「やろう」と賛成した気持ち（意欲）を思い出すことが大切です。このために推進計画書の要点を振り返り、初回ミーティングで合意した内容を確認しましょう（243ページ付録参照）。

　次にみんなに自己業務改善点検表を完成できたか聞きましょう。そして全員が作成（完成）できたことの素晴らしさを確認しましょう。業務改善活動のスタートの実践活動で、1人ひとりの時間をもっとも必要とするステップを誰1人期日に遅れることなく完了できたことは、素晴らしいことです。業務を書き出した材料ができたことは、この後みんなが改善アイデア出しに協力し合える状態ができたのであり、成功のために大変重要なステップを無事完了できたのです。

2 効果的に改善アイデアを発見するために、 業務のタイプごとに見ていく

　業務の見える化（自己業務改善点検表）を活用して、改善アイデアを発見するのが今回ミーティングのねらいです。そこでこの成功のために、「従来の改善アイデア出しは何が不足」していて「どうしたら改善アイデアを発見できるのか」を検討しましょう。

①従来は「改善の見方」が不十分

　改善アイデアを出すための鍵は、「どう見れば改善アイデアを発見できるのか」ですが、この点は過去にも研究されてきています。その代表例の1つが、日本能率協会コンサルティングが過去の改善経験から「この点に改善アイデアが見つかりやすい」という視点を整理した「改善8原則」（2章69、70ページ）です。これは既に自己業務改善点検表で活用しています。

　しかし、現実にはホワイトカラーの業務は多種多様なため、この改善8原則を単に当てはめただけでは、30%の改善アイデアを見つけるのは難しいことが多いのです。多種多様なものに改善アイデアを発見するためには、「見方」も多種のものが必要になります。そして多種の見方は、その整備にも、当てはめにも大きな労力を必要とします。

　このため、少しでもラクに当てはめられるようにと工夫すると、改善8原則のように、いわば広く（多種に対応できる）、浅い（簡単に当てはめられるが、的確に検討しにくい）ものになってしまい、改善アイデアの発見が難しくなるのです（図表3-3参照）。

| 図表3-3 | 改善の見方がうまく適用できない理由 |

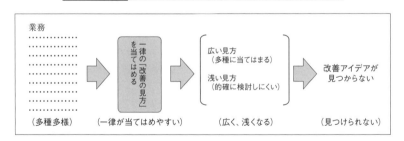

　改善8原則は、全業務を点検できるのですが、抽象化されているため、「適用して成果を出す」となると難しいのです。何か「うまい方法」はないのでしょうか。

②業務をタイプに分ける

　41年間、主として業務改善のコンサルティングを実践する中で、「1人ひとりが改善アイデアをどうやって見つければよいのか」に悩んだ末に気付いたのは、多種のものに一律の改善の見方（改善着眼）を適用するのではなく、グループに分ける方が見つけやすいということです。

　つまり、私がコンサルタントとして「どう改善案を発見しているのか」を掘り下げてみると、「こういう業務ならこういう見方」という「見方のツボ」のようなものがあって、それごとに見ているようなのです。そこでこの見方のツボを引っ張り出して他の人も使えるようにまとめたものが、「業務タイプ別の改善着眼」です。つまり業務を改善の見方からタイプに分けてそれぞれの詳しい改善着眼を活用することで、改善アイデアを発見しやすくなるのです。

　ではどのようなタイプに分けるのでしょうか。それは改善アイデアを見つけるのに適した区分であるとともに、あまり細かくない（適用しやすい）区分でなければなりません。業務タイプは以下の3つになります（基本業務と管理業務については服部明著『業務改善50の鉄則』日本能率協会、1986年を参考にしています）。

▶ポイント　**3つの業務タイプ**

①基本業務タイプ
　「基本業務タイプ（以降、このタイプの業務を基本業務と言う）」とは、受注、調達、出荷などの経営の基本的な活動に直結していたり、会計伝票処理のように法律で決まっているなどの「必ず行わなければならない」という特徴を持つもの（業務の類型）のことを言います。それは、必ず行うのだから業務の目的は検討しなくてもよく、方法に絞って（あれこれ迷うことなく）、「錐で穴をあけるように徹底して最適方法を追求する」ことで改善アイデアを見つける（そういう目の付け方をする）ものです。
　業務は「目的を達成するための方法」であり、その改善も目的の最適化と方法の最適化に大別できます。そして改善の検討で難

しいのは目的の検討であって、基本業務ではこの難しい目的面を考えなくてもよく、方法の最適化に絞り込むことで「心から専念できる」のです。その結果、方法最適化の改善着眼を徹底して適用でき、多くの改善アイデアを出せるのです。

②管理業務タイプ

2つ目の「管理業務タイプ（以降、このタイプの業務を管理業務と言う）」とは、必ず行うものではなく「より良くする」ためのもの（業務類型）です。したがってより良くなっているかの成果（業務の完了前は目的）の見直しが不可欠であり、目的面からの着眼が主になるものです。それは一般に言われる管理よりも範囲が広く、「いざとなればやらなくてもよいかもしれない」業務はすべて該当します。

たとえば多くの報告書や会議などは管理業務になります。改善のためには方法の検討の前に、報告書や会議の目的の検討が不可欠です。そして実は多くの人は「業務＝やること」との暗黙の認識があり、肝心の目的が明確になっていないことが多いのです。まさにこの点が改善の急所であり、「目的からの改善の見方」をマスターすることで多くの改善アイデアを発見できます。

なお、管理業務は「目的を見直し」た上で「方法も見直す」のであり、2つの視点から見直すため、より多くの改善アイデアを発見できます。

③専門業務タイプ

3つ目の「専門業務タイプ（以降、このタイプの業務を専門業務と言う）」とは、上記2つとは異なり、業務の具体的な内訳としての個別活動（いわば内訳業務）の目的や方法が事前に決まっておらず、「都度決めていく」もの（業務類型）です。たとえば、これまでに経験が少なく未知の部分が多いプロジェクト業務のように、状況に応じて具体的な活動を設計し、その個別活動（業務）の目的・方法を都度決めるものです。改善アイデア出しには、この都度決めるという特性を踏まえた改善着眼が重要になります。

なお、管理業務タイプ、基本業務タイプの改善着眼についても、「目的・方法を都度決めるプロセス（過程）にこのチェックリストを使う」などのように工夫することで、活用することができます。

業務タイプの分け方は、目的・方法という「改善の目のつけ方」を基本にしているため（目的と方法が事前に決まらないときは専門業務タイプ）、業務を見てすぐには区別しにくいこともありますが、以下の「改善着眼」を学ぶことで判断しやすくなります。業務タイプ別の改善着眼を学んで、多くの改善案を見つけ、業務改善を成功させましょう。

3 基本業務タイプ（基本業務）の改善着眼とその当てはめ

　会計伝票処理などの「必ず行う」基本業務は、「方法最適化」に絞って余分なことを考えずに錐で穴をあけるように「専心」することで、改善アイデアを発見していきます。このために活用する改善着眼ワークシートが図表 3-4 です。これを業務に当てはめるのです。

①例外を改善する（ⅰ）〜重要性を認識する

　専心して検討すべき第 1 のポイントは、例外の改善（例外改善）です。基本業務は必ず行うのであり、その人が休んでも誰かが（誰でも）できなければならないため、高度な判断をしなくてもよいように標準化が進められます。そうすると考えなくてもよいため、本来は「短い時間」でできるはずですが、実態は「かなりな時間」を要しています。そして、この時間のかかる理由が「例外」なのです。例外改善の重要性をまず心に刻むことが大切です。

　例外は、発生そのものは少ないとしても、時間のロス（時間ロス）はその処理にとどまらず、業務の中断ロス、悩むロス、調べるロス、後での対応ロス、上司や仲間への相談ロス、など例外周辺の時間ロスを含めると驚くほど大きいのです。みなさんもたとえば、1 日を分単位で、悩んだ時間、話しかけられた時間、中断や雑念などで集中できなかった時

図表 3-4	基本業務の改善着眼ワークシート

区分		チェック視点など
例外改善	① 例外の把握	**<前工程>**　　　　　**<自工程>**　　　　　**<後工程>** □提出忘れ　　　□判断できない　　　□不在（処理停滞） □期日に遅れる　□間違う　　　　　　□異例な要請 □記入ミス　　　□処理停滞　　　　　□問い合わせ □添付ミス　　　□参考資料がない　　□その他 □空欄（記入なし）□その他 □読めない □ルール違反 □個別要請がある □質問が書かれている □その他
	② 焦点化 ③ 原因分析	（例外）　　（焦点化）　　（1次原因）　　（2次原因）　　（改善案）
方法改善		**<作業者工程分析>** □工程（一連の行為）を細かく、作業、運搬、検査、遅れ（停滞）、貯蔵（保管）に分けて点検したか □作業はもっとも効率的で、道具、環境はよいか □運搬はやめられないか、自動化できないか、もっとラクにできないか □検査はやめられないか、重複していないか、基準はよいか、もっとラクにできないか □停滞は計画的なものか、なくせないか、もっと計画的にできないか □保管はやめられないか、減らせないか、ラクにできないか、場所、道具を工夫できないか **<動作経済の視点>** □両手は同時に左右対称に使っているか □手や身体の動きはできる限り少なくしているか、滑らかに、リズムよくできるようにしているか □注視の回数を少なくできないか、注視の間隔を短くできないか □道具類はできる限り近くに位置を決めて置いているか □椅子、机、照明、環境は、もっとラクなようにできないか □身体の動きを少なくするように設備や道具を工夫できないか
機械化		□発生元、即時、ダイレクトでインプットできないか □要求元、随時、ノー加工（加工なし）でアウトプット（活用）できないか □発生元、即時、ダイレクトでのインプットを実現する条件は何か、その対策は何か □発生元、即時、ダイレクトにできるケースと、できないケースを分けられないか □できないケースの次善のやり方は何か □できないケースの原因を分析して改善できないか

（動作経済の視点については、ラルフ・M・バーンズ著／大坪檀訳『最新:動作・時間研究』産業能率大学出版部、1990年より抜粋引用し要約）

間などを除いて「集中できた時間」を記録してみてください。そうすると、机の前で仕事しようとしていた時間が半分あったとしても、そのうちの半分は集中できなかった時間であることがわかるでしょう。つまり机の前で集中できたのは 25% しかないことになります。残り 75% は例外を原因とするものが多くの割合を占めていることは間違いありません（たとえば誰かからの相談なども何かの例外に端を発していることが多いです）。つまり、例外を徹底して改善すれば、それだけでも目標とする 30% くらいの改善は可能なのです。ぜひ改善しましょう。

　また基本業務は誰でもできるのですから、その業務では力を付けにくくなります。力を付けにくい業務を貴重な人が行っていては大きな損失です。そこで、情報通信技術 (ICT) の発展した今日、基本業務は機械化 (情報システム化) することが重要ですが、多くのルール外（例外）があるとシステム開発がコスト高になり、進みにくくなります。つまり例外をなくせれば ICT 化を進めやすいのであり、基本業務は 30% どころかほぼ 100% 削減できる可能性さえあるのです。

②例外を改善する（ⅱ）〜例外を把握する

　改善のためには、まず例外を把握しなければなりません。そこで便利なツールとして考えたのが図表 3-4 の「①例外の把握」です。業務に発生している例外を、このワークシートでチェックしましょう（例示されていないものは「その他」として具体的に記述してください）。この時に発生頻度（量）は、思い出しての把握でもよく、◎：特に多い、○：かなり多い、△：少ないがある、などの記号を□に記入するのでよいのです。

③例外を改善する（ⅲ）〜焦点化

　例外の把握ができたら、次は「②焦点の絞り込み（焦点化）」です（図表 3-5 の「焦点化」欄参照）。

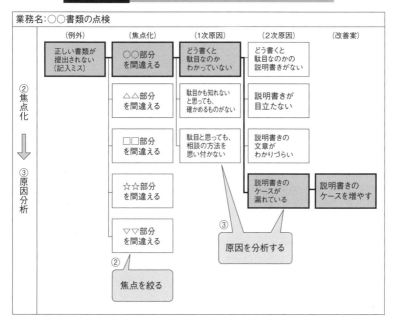

図表 3-5　例外の焦点化と原因分析のイメージ

業務名：○○書類の点検

（例外）　（焦点化）　（1次原因）　（2次原因）　（改善案）

②焦点化 → ③原因分析

- 正しい書類が提出されない（記入ミス）
- ○○部分を間違える
- △△部分を間違える
- □□部分を間違える
- ☆☆部分を間違える
- ▽▽部分を間違える

- どう書くと駄目なのかわかっていない
- 駄目かも知れないと思っても、確かめるものがない
- 駄目と思っても、相談の方法を思い付かない

- どう書くと駄目なのかの説明書きがない
- 説明書きが目立たない
- 説明書きの文章がわかりづらい
- 説明書きのケースが漏れている

- 説明書きのケースを増やす

② 焦点を絞る

③ 原因を分析する

　多くの例外を一度に改善しようとすると「全員に注意喚起する」「趣旨を浸透する」「教育する」などといった改善案になりやすく、これでは一時的に効果があっても、またすぐに元に戻ってしまいかねません。たとえば図表 3-5 の記入ミスの場合、一度にすべての記入ミスを改善しようとすると、「各種のミスを整理し全員に注意する」などといった改善案になりやすいのです。そこで記入ミスの中で何が多いのかの内訳を明らかにし（図表 3-5 では「○○部分を間違える」）、多いものから原因を分析していくのです。それでは「手間が大変」と思うかもしれませんが、分析していくと対策は似通ったものが多くなるため、改善案の実施は同時にできることが多く手間はそれほど大きくなりません。何よりも元に戻ってしまう改善案では効果がなく意味がないのです。

④例外を改善する（ⅳ）〜原因分析

　焦点化できたら、次は「③原因の分析」です（図表 3-5 参照）。原因分析のポイントは、相手の立場になって「なぜそのことが発生するのか」を具体的な行動レベルで検討することです。「なぜ○○部分を間違えるのか」⇒「どう書くとダメなのかわかっていないからだ」⇒「では、なぜわかっていないのか」と掘り下げて検討します。こうして、「具体的な自信の持てる改善案」を見つけるのです。なお、一通り分析できたら、「改善案⇒だから⇒原因」と順次遡って論理的なつながりを確認することで、改善案を確かなものにします。

⑤例外を改善する（ⅴ）〜焦点化と原因分析に慣れてスピードアップ

　焦点化と原因分析は間違ってもよいからとの気持ちで、まずは挑戦することが大切なのですが、取りかかるのが「おっくう」になることがあります。少しやると慣れてきて貴重な財産（実力）になるのですが、もったいないことです。

　しかし、打ち手はあります。実は、業務改善の原因分析の多くは、数種類のケースに慣れておくと、かなり応用が利くのです（それは「記入ミスがある」「期日が守られない」が圧倒的に多く、「参考資料がない」「知識がない」「意欲がない」の３つの「ない」を加えた５つです）。そこで、これらのケースについて繰り返し「やってみる」ことで、分析の仕方に早く慣れることができます。図表 3-6 にこの例を示しますので、ぜひまねてやってみてください。（図表 3-6 は業務改善で応用が利くものであり、例外以外も含めた「困ること」でのケースです）。

　「間違えるのでは」との不安があるときにも、「改善案⇒だから⇒原因」と、できた分析結果を点検すればよいのですから、ぜひ挑戦して改善しましょう。

図表 3-6　業務改善で応用の利きやすい 5 種類の原因分析例

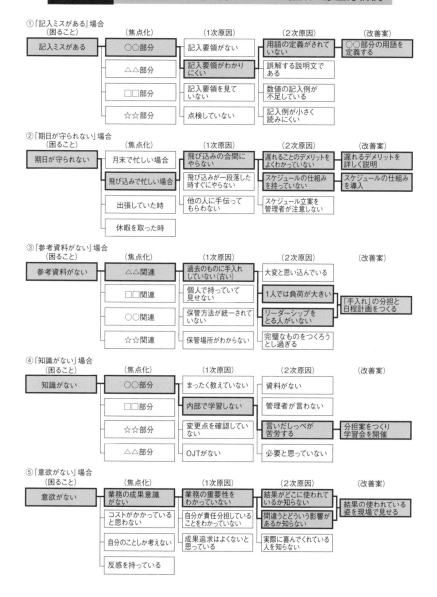

① 「記入ミスがある」場合

（困ること）	（焦点化）	（1次原因）	（2次原因）	（改善案）
記入ミスがある	○○部分	記入要領がない	用語の定義がされていない	○○部分の用語を定義する
	△△部分	記入要領がわかりにくい	誤解する説明文である	
	□□部分	記入要領を見ていない	数値の記入例が不足している	
	☆☆部分	点検していない	記入例が小さく読みにくい	

② 「期日が守られない」場合

（困ること）	（焦点化）	（1次原因）	（2次原因）	（改善案）
期日が守られない	月末に忙しい場合	飛び込みの合間にやらない	遅れることのデメリットをよくわかっていない	遅れるデメリットを詳しく説明
	飛び込みで忙しい場合	飛び込みが一段落した時すぐにやらない	スケジュールの仕組みを持っていない	スケジュールの仕組みを導入
	出張していた時	他の人に手伝ってもらわない	スケジュール立案を管理者が注意しない	
	休暇を取った時			

③ 「参考資料がない」場合

（困ること）	（焦点化）	（1次原因）	（2次原因）	（改善案）
参考資料がない	△△関連	過去のものに手入れしていない（古い）	大変と思い込んでいる	
	□□関連	個人で持っていて見せない	1人では負荷が大きい	「手入れ」の分担と日程計画をつくる
	○○関連	保管方法が統一されていない	リーダーシップをとる人がいない	
	☆☆関連	保管場所がわからない	完璧なものをつくろうとし過ぎる	

④ 「知識がない」場合

（困ること）	（焦点化）	（1次原因）	（2次原因）	（改善案）
知識がない	○○部分	まったく教えていない	資料がない	
	□□部分	内部で学習しない	管理者が言わない	
	☆☆部分	変更点を確認していない	言いだしっぺが苦労する	分担案をつくり学習会を開催
	△△部分	OJTがない	必要と思っていない	

⑤ 「意欲がない」場合

（困ること）	（焦点化）	（1次原因）	（2次原因）	（改善案）
意欲がない	業務の成果意識がない	業務の重要性をわかっていない	結果がどこに使われているか知らない	結果の使われている姿を現場で見せる
	コストがかかっていると思わない	自分が責任分担していることをわかっていない	間違うとどういう影響があるか知らない	
	自分のことしか考えない	成果追求はよくないと思っている	実際に喜んでくれている人を知らない	
	反感を持っている			

3章：改善アイデア出し　99

⑥方法改善（ⅰ）〜作業者工程分析

　例外改善の次の改善着眼は「方法の改善」です。例外がなくなれば考える部分が少なくなり、製造現場でのやり方の決まった「標準作業」と同様になります。そこでこれまで製造現場で長年研究されてきた改善手法を活用するのです。これには長い歴史がありますから、きめ細かく分析すれば必ず改善案を発見できるでしょう。

　この改善では、業務の内訳（手順）から見た分析と、より細かな動作から見た分析が重視されます。前者の代表が工程分析です。

　図表 3-4 のワークシートには、工程分析のうちの、人を対象とした作業者工程分析の改善着眼を要約して示してあります。もし図表 3-4 を当てはめても改善アイデアを発見できない場合には、図表 3-7 のように業務の手順を細かく分け（「作業方法の明細」欄）、作業、運搬（移動）、検査、遅れ（停滞）、貯蔵（保管）ごとに詳しい改善着眼（図表 3-8）を当てはめましょう。この時に「作業以外は価値形成に役立たない」と考えて、「徹底した排除の姿勢」で検討すると改善案に気付きやすくなります。また、作業についてもその細部を価値づくりに役立っていない部分がないか、もっとも効果的で効率的な方法か、と追求していきます（藤田彰久著『新版 IE の基礎』建帛社、1978 年を参考）。

　なお工程分析はホワイトカラーの場合、帳票の流れを主とした事務工程分析もよく使われます（128 ページ参照）。そこで改善アイデアを発見できない場合には、「事務工程分析記号（作業、検査・照合、転記、保管、帳票）ごとの改善着眼チェックリスト」も当てはめることで改善アイデアを発見できるでしょう（図表 3-9 参照）。

　それでも見つからない場合には、手順をメモし（図表 3-7 の「作業方法の明細」欄）、数人に集まってもらい、図表 3-8 や 9 を参考にしながら「改善アイデアをディスカッション」しましょう。そうすると、間違いなく誰かから何らかのヒントが出てくるので、これを活かして改善アイデアを見つけましょう。

図表 3-7　作業者工程分析の例

No.	作業方法の明細	作業	運搬	検査	遅れ	貯蔵	数量	運搬距離	時間	条件	なぜ 目的	場所	順序	作業者	方法	問題点	やめる	結合	変更 順序	変更 場所	変更 作業者	改善する
1	倉庫へ行く	○	⇨	□	D	▽		10			レ						レ					レ
2	鍵を開ける	○	⇨	□	D	▽								レ			レ					レ
3	台車を持ってくる	○	⇨	□	D	▽		3				レ								レ		
4	所定の棚に行く	○	⇨	□	D	▽		5			レ									レ		レ
5	荷を確認する	○	⇨	□	D	▽	——————— (以下略) ———————															
6	荷を積む	○	⇨	□	D	▽																
7	数量を確認する	○	⇨	□	D	▽																
8	伝票に記入する	○	⇨	□	D	▽																
9	出口へ運ぶ	○	⇨	□	D	▽																
10	施錠する	○	⇨	□	D	▽																

（フォーマットは藤田彰久著『新版ＩＥの基礎』建帛社、1978 年より引用）

図表 3-8　作業者工程分析の改善着眼例

＜工程記号別の改善着眼例＞

作　業

□価値づくりに役立っていない部分はないか
□目的を果たすためにもっとも効果的で効率的な方法か
□ツールをもっと使えないか、工夫できないか
□もっとラクにできないか、時間を短くできないか
□自動化できないか

運搬（移動）

□運搬（移動）をなくせないか
□もっと距離を短くできないか
□道具を工夫できないか
□ラクにできないか、時間を短くできないか
□自動化できないか

検　査

□検査をなくせないか、不必要な部分はないか
□重複はないか（上下、部門間など）
□道具を工夫できないか
□ラクに点検できないか、短時間でできないか
□自動化できないか

遅れ（停滞）

□遅れ（停滞）をなくせないか
□遅れる時と遅れない時の差はなにか
□遅れの前に手を打てないか
□遅れの時間を短くできないか
□遅れの間を有効活用できないか

貯蔵（保管）

□保管をなくせないか、不必要な保管はないか
□重複して保管していないか
□道具を工夫できないか
□ラクに保管できないか、短時間でできないか
□自動化できないか

⑦方法改善（ⅱ）〜動作経済の原則

　内訳（手順）から検討しても改善アイデアを発見できない場合には、さらに1つひとつの「動作」にまで掘り下げて分析します（動作分析と言われます）。製造現場では個々の作業をビデオに撮り、細かく分析して

図表 3-9　事務工程分析の記号ごとの改善着眼例

作　業　○

★職務の目的に対して直接的に効果的な働きをする。
- ・その作業は職務の目的に一致しているか。
- ・その作業の質的な内容（立案や決定など）は、それを担当する人の責任や地位にふさわしいか。
- ・その作業の技術的な内容（読み、書き、計算）は、その作業の目的に対してもっとも経済的であり、合理的か。
- ・その作業に用いられるツール（帳票、機械、器具、設備）は、その作業のやり方に対して具体的に実施基準が定められているか。
- ・例外的な事項が発生した場合の処置についてはっきり定められているか。

検　査　◇　　照　合　◇◇

★事務制度にあっては検査、照合は重要な工程である。合理的な検査や照合があることが、その工程によって伝達され記録される数字等について、信頼し得るかどうかを決めることになる。
- ・検査は、検査の基準が具体的に明らかにされているか。
- ・検査の基準は客観的であるか。それとも個人的な主観や判断が混じる性質のものであるか。
- ・検査をするものと検査されるものとは別々であって内部牽制的に問題のない分担であるか。
- ・必要以上に検査を繰り返すことによって作業の進行を阻害していることはないか。
- ・照合は相互に関係なく、異なった作業を経てきた2つ以上の系列のものを必ず照合しているか、単に転記の誤りだけを確かめる意味しかない照合ばかりが行われていないか。
- ・照合は必ず第1種資料（物、金、人の動きを直接記録した原資料）との誤りを確かめるようにされているか。
- ・意味のない照合を繰り返して作業の進行を阻害していることはないか。
- ・捺印検査が形式的になっていないか。個人の捺印の意味は明瞭か。

（日本能率協会コンサルティング　研修テキストより引用）

転記 ○○

★事務は物、金、人の動きを記録し、その価値を評価し、記録計算するものである。したがって、最初に記録されてから（第1種記録）、最後の台帳、報告書に至るまでに記録内容はそれぞれの過程で次々と異なった目的とフォームを持つ帳票類に転記され、集計され、分解されていく。事務の系列はこの転記の繰り返しであり、転記を合理的にすることが事務作業の合理化にとって不可欠のことである。

・転記はできる限り廃止し、第1種記録をそのまま使用することはできないか。
・必要でない項目までそのまま転記していることはないか。
・複写方法を検討することによって転記を廃止できないか。
・必要部分だけをそれぞれ転記し、資料や帳票の種類を増やさずに、仕事に必要な項目をすべて1表にまとめ、マスターテーブルをつくって利用する余地はないか。
・転記の後には必ず転記の誤りをチェックする照合制度が完全になっているか。

保 管 ▽

★保管には、事務全体を円滑にするために必要なものと、全体の運営を阻害するものとがある。
・保管が必要不可欠なものか（そこに▽があることが作業上有効か）、それとも手順や計画が悪いために起こったものか。
・保管の状態、書類整理、分類や保管の方法についても検討を要する。

書 類 ☐

★帳票の生い立ちはそのまま事務の生い立ちといってよいほど、帳票は事務の中心をなしている。しかし、本来の目的、機能から離れて帳票が存在し、逆に制度を縛っていることが多い。
・その帳票の目的は何か。何に使っているのか、なくしたら何に困るか。
・目的に対して十分な効果を上げているか。
・記入のしかた、項目、様式、タイミングは適切か。

★母体抹消
・事務は簡素なほど良く、そのためには目的との関連で帳票をなくすことが重要。

動作のムダを改善します。しかしホワイトカラーでは効率的な動作まで意識して分析していることは少なく、大きな改善余地が残されています。

　まず図表 3-4 の改善着眼ワークシートを当てはめましょう。それでも発見できない時には、大きな時間になっている部分をビデオに撮るなどして、より詳しい動作経済の原則（図表 3-10）を 1 つひとつの動作

に当てはめることで、改善アイデアを発見できるでしょう。

　たとえば動作経済の原則では両手の同時活用が重視されますが、オフィスでのタッチタイピング（ブラインドタッチ）は必ずしも徹底されていません。タッチタイピングのように1つの指の動き、目の動きなどのレベルで図表3-10をきめ細かに当てはめるなら、間違いなく改善アイデアを発見できるでしょう。

⑧機械化（ICT化）

　例外改善、方法改善を検討しても目標まで改善アイデアを発見できない場合には、機械化（ICT化）も検討します（本書は機械化を勧めるものではありませんが、担当者が力を付けにくい基本業務ではスキル向上面からも効果の大きな機械化案があれば提案することが望ましい）。

　すでに例外が改善され、必ず行う業務が誰でもできるようになっているため、今日の技術でICT化できないはずがありません。したがってICT化の改善アイデアはまず見つかるでしょう。

　そこで図表3-4のワークシートを活用しましょう。つまりICT化案を見つけるためにICT化で「あれができる、これができる」というものを探すのでは、その調査をするのが大変な上に、いくら調べても競争相手に遅れかねないのであり、「すべてできる」との前提に立った「全自動化案」を考えるのが望ましいのです。そしてこのためには、情報の「発生元で、即時、ダイレクト」にインプットし、「要求元で、随時、ノー加工（加工なし）」でアウトプット（活用）できるとして考えるのです（全自動化案の考え方は大塚純一、中田崇、高橋淳著『ペーパーレスオフィス』日本能率協会、1987年より引用・参考）。

　「基本業務」に改善アイデアを見つけるポイントは、「徹底」して検討することです。例外を徹底して改善し、業務の内訳手順をメモして改善着眼を徹底して当てはめましょう。それでも目標未達の場合には、必ず行う業務であり標準化されているのでICT化案も検討しましょう（採算に合うものを採用）。

図表 3-10　動作経済の原則

人体の使用

(1) 両手の動作は、同時に始め、また同時に終了すべきである

(2) 休憩時間以外は同時に両手を遊ばせてはならない

(3) 両腕の動作は反対の方向に、対称にかつ同時に行わなければならない

(4) 手および身体の動作は、仕事を満足にできるような最小単位のものに限定すること

(5) できるだけ惰性を利用して、作業者を助けるようにすること。筋肉による力を用いて惰性に打ちかつ必要のある場合には、惰性は最低限にすること

(6) ジグザグ動作や突然かつシャープに方向変換を行う直線運動よりスムースに継続する手の動作の方が好ましい

(7) 弾道運動は制限された運動（固定）やコントロールした運動よりはるかに早く、容易であり、正確である

(8) できるかぎり、楽で自然なリズムで仕事ができるように仕事をアレンジすること

(9) 注視の回数はできるだけ少なく、かつ、注視の間隔を短くすること

場所の配置

(10) 工具および材料は、すべて定位置に置くこと

(11) 工具、材料、制御装置は作業に近接し、かつ前面に置くこと

(12) 材料を使用点の近くに運ぶには、重力利用の容器を使用すること

(13) できるだけ落とし送りを利用すること

(14) 材料、工具は動作を最良の順序で行うように配慮すること

(15) 視覚のために適正なコンディションを備えること。満足に視覚できるための第一条件はよい照明である

(16) 作業場所および椅子の高さを、立作業や座り作業、いずれも容易にできるようにできるだけアレンジすべきである

(17) 作業者が正しい姿勢がとれる型および高さの椅子を各人に備えること

工具および設備の設計

(18) 治具や取付具、または足操作の装置を用いた方が一層有効にできる仕事では手を用いないこと

(19) 工具はできるだけ組合せること

(20) 工具や材料はできるだけ前置きしなければならない

(21) タイプライターを打つ時のように、おのおの指が特定の働きをする場合、おのおのの指の固有能力に応じて作業量を分けること

(22) 作業者が体の位置の変更を最小限にとどめ、かつ最大のスピードをもち、最大限容易に操作できるように、レバー、ハンド・ホイール、その他の制御装置の位置を決めること

（ラルフ・M・バーンズ著／大坪檀訳『最新：動作・時間研究』産業能率大学出版部、1990年より引用）

4 管理業務タイプ（管理業務）の改善着眼とその当てはめ

管理業務は「必ずしも行うとは限らない」ものであり、コスト（時間）以上の成果があるから行うものです。そこで成果（結果を出す前は目的）の検討が大切であり、図表3-11の改善着眼ワークシートが役立ちます。

図表3-11　管理業務の改善着眼ワークシート

区分		チェック視点	「誰」「アクション」などのメモ	改善アイデアのメモ
やめる・任せる	誰	誰のための仕事か、誰が困るのか ------▶ □誰を絞ったら □理想の人だとどうなる	(誰)	
	アクション	やめると何が困る、その人がとっている --------▶ 具体的なアクションは何か □それは、経営上の困ることか、利益が減るか □その人のさらに先の人（直接の相手の先）は何が 　困るのか □困ることに絞り込むと、どうなる	(困ること、アクション)	
	任せる	自主化したら、本人がやれないか、-----------▶ 任せられないか（任せた時の心配点は？） □業務をやめるのであり機能は残る（任せる）、他のも ので代替できないか、類似のもので我慢できないか □一部分で我慢できないか □指導・育成して任せられないか □工夫して任せられないか、7〜8割くらいで任せ られないか	(任せた時の心配点)	
減らす	絞り込む	成果は出ているか、方法は過剰でないか ------▶ （根幹となる成果項目に絞った時の心配点は？） □どうしても任せられない部分に絞る □今、出ている成果は何か、成果＞コストか □根幹となる成果項目以外の目標を下げたら □減らしたときの損失は何か	(根幹項目に絞り、 他の目標を下げる)	
	事後管理減	事後の管理になっていないか ----------------▶ □即時（自主）管理に変えられないか □事後管理部分を減らせないか □事後は結果のみで、原因は本人が分析するように できないか	(即時管理にする)	

方法改善	目的・目標変更	目的・目標を意図的に変えて各種の方法を考える-- □目的・目標を意図的に変えたらどうか □その時の方法を各種考えたか □もっとも良い方法は何か	▶(目的・目標の変更案)	
	短時間化	短時間にする方法を検討する------------ □短時間化の方法を何度も考えたか □半分で行うと枠をはめて考えたらどうなるか □例外を改善できないか □作業部分を改善できないか （作業者工程分析、動作経済の原則） □機械化できないか（発生元、即時、ダイレクト）	▶(簡単にする、ラクにする、機械化する)	

① 「やめる」と考えてみて改善アイデアを発見する

　管理業務改善の第1の秘訣は「やめる」です。これは改善のためには目的の具体的な把握が鍵であり、「やめる」と仮定することで目的がわかりやすくなるからです。

　たとえば、身近にある報告書の目的は何でしょうか。今、顧客状況の上司への報告書があるとして、その目的を「上司に顧客状況を伝えるため」とか「売上向上のため」という抽象的なレベルで把握したのでは、改善アイデアを考えるのには役立ちません。図表3-12上段のように「目的は何か」と考えるのでは、抽象的になりがちなのです。

図表3-12　管理業務の目的追求の方法

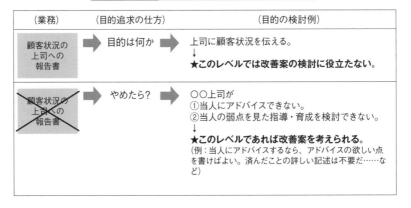

そこで「やめる」と考えるのです。そうすると、○○上司が「①当人にアドバイスできなくなる」「②当人の弱点を見た指導・育成を検討できなくなる」のように具体的に考えやすくなります（やめた時の具体的な困ることを考える）。そして「①アドバイスする」ためであれば、「アドバイスの欲しい点を詳しく書けばよいのであって、終わった案件の詳しい記述は不要だ」というように改善アイデアを発見しやすいのです。また、「②当人の弱点」はこの報告書でなくてもわかるわけですし、日常的にアドバイスしていればわかるため、「直接の目的としては①でよい」というように目的を掘り下げて、より具体的にしていけます。

　このようにして目的を明確にできると、それに対応した最適な方法を検討できるため、改善アイデアを見つけることができます。このために、図表 3-11 のワークシートでは誰がどういう具体的な行動（アクション）レベルで困るのかをメモするようにしてあります。ワークシートにメモしながらチェック視点と照らし合わせ、改善アイデアを発見しましょう。

②「任せる」改善着眼

　「やめる」と考えて目的を明確にできたら、次に最適な方法を考えるのですが、その前にもう一歩踏み込んで「実際にやめる（相手に任せる）」と強く仮定（断定）することが改善アイデア発見の秘訣です。

　実は、「やめる」改善ができないのは、多くの場合「やめる改善は難しい」と簡単にあきらめてしまうからです。つまり、「やめる＝すべてなし」であり「機能（目的）そのものをなくしてしまう」と認識しやすいのです。「すべてなし」では多くの心配事が出てきて、「やめられない」との気持ちになってしまいます。しかし、ここで誤解してはいけないのは、「業務（方法）をやめる」のであり、その機能（目的）は「任せる」のであって、「機能（目的）そのものをやめるのではない」点です。

　たとえば先の顧客状況の報告書の例であれば、「報告書をやめる」のであって、報告書がなくてもアドバイスは相手に相談してもらって（相

談してもらうように相手に任せて）行うのです。つまりアドバイスをやめるのではなく、報告書をやめるだけです。もし仮に相談がなくアドバイスもほとんどなくなるとしても、アドバイスでねらう顧客状況を検討し良い案を出すことを「本人に任せる」のであって、会社として顧客状況を検討し良い案を出すことは「行う」のです。もし不安なら、「任せた状況を聞いて相談を引き出し、アドバイスする」などのことを行えばよいのです。

　「やめる（任せる）」ことの2つ目の考え違いは、「現状のまま任せる」と思い込むことです。実際に「任せる」のは、任せるための仕組みづくり、ルールづくり、教育や各種ノウハウの伝承、資料整備などいろいろの「工夫をして任せる」のです。そもそも優秀な自社の社員に各種の準備をして「任せられない」ことはまずありません。問題は任せるための準備にどのくらいの期間を必要とするのかであって、将来的には必ず「任せている」はずです。したがって任せるまでの期間をいかにして早めるかの問題なのです。そして注意すべきは、任せるためには100%をねらってはいけない点です。たとえば7〜8割できるようになれば任せて、そのフォローをすることで早く100%まで力をつけてもらうのです。任せることで人は想像以上に伸びます。「任せる」改善着眼を徹底して考えれば必ず改善アイデアは見つかります。

③「減らす」改善着眼

　「任せる」の次の改善着眼は、「減らす」です。つまり任せると考えてみて、どうしても任せられなければ、その「どうしても」という部分に絞り込む（減らす）のです。先ほどの報告書でのアドバイスをどうしても任せられないとすると、その「どうしもの部分はどこか」と考え抜きます。たとえば「上司が長く付き合っていてよく知っている顧客先なのか」「どういう商品の場合か」などのように絞り込むのです。広く浅いアドバイスをするよりも焦点を絞って深く良いアドバイスをする方が、効率化で

きるばかりか全体の成果も大きくなります。「どうしてもの部分に絞り込む」ことが管理業務改善のコツであり、改善アイデアはまず見つかります。

図表 3-13 を見てください。管理業務は時間（コスト）をかければそれだけ「良く」なります。報告書を詳しく書くほど、良いアドバイスが可能になり得ます。しかしながら、その成果の増える割合は図のように徐々に小さくなります。最初は要点を書いてあると、アドバイスしやすくなりますが、より詳しくしようとしても関係のない部分の記述が多くなったり、また報告書のグラフ化、色付けなど価値の小さな部分が増えてくるのです。

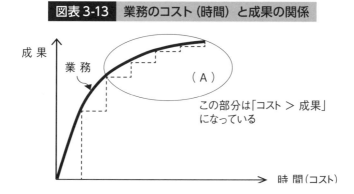

図表 3-13 業務のコスト（時間）と成果の関係

一方、業務を遂行すると時間がかかるため、この分のコスト（費用）が発生します。たとえば 1 人当たりの年間給料 500 万円で仮に人件費が 750 万円とすると、これを年間勤務時間の概算 2,000 時間で割ると 3,750 円 /1 時間であり、1 秒 1 円強かかるのです。そこでコストより成果の小さい部分（図表 3-13 の A）は減らす必要があります。報告書で言えば、細部の記述は時間がかかるためにやめて、細部は聞けばよいことにするのです。また報告の相手先を絞る、金額を絞る、報告項目を絞る、報告の詳しさレベルを絞る、など成果に貢献していなかったり、

コストに比べて貢献の少ない部分（通常複数の成果項目があり、このうちの根幹になっていない成果項目部分など）を減らすのです。

④「事後管理」を減らす

「減らす」改善着眼の一部ですが、特に事後の管理になっている場合には、大幅に減らすことが可能です。たとえば月次の報告書などがありますが、月次でいろいろなまとめを行ってもその月はもう終わっているのですから、「今から何かの手が打てる」わけではなく、減らせるケースが多いのです。

この月次報告書などで、時間をかけてその結果になった原因を分析している場合などもあります。月次の結果を踏まえて、その教訓を次月に活かそうとする目的と考えられるのですが、そもそもそれでは遅いのです（図表 3-14 参照）。

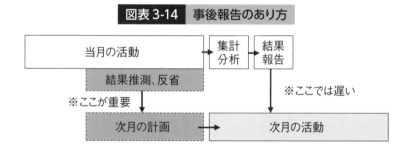

図表3-14　事後報告のあり方

図表 3-14 の「次月の計画」への教訓は翌月になってからでは遅く、その月内の途中から随時教訓を学び取り、次月の計画を立案していなければなりません。そこで、次月になっての結果報告は 1 ヵ月の確認としての結果中心でよいことになります。事後に反省点やその原因分析に時間を割いても「後の祭り」であって、即時管理できる仕組みにすることが大切です。

⑤目的・目標を変えてみる

　「やめる、任せる、減らす」で目的面からの検討ができたら、次は方法の最適化を検討します。このときの秘訣ともいうべき見方は「目的や目標（目的をどこまで果たすか）を変えてみる」ことです。実は、私たちはどうしても今の方法に慣れているために、方法を考えるといってもなかなか「現状から離れられない（別の見方をすることが難しい）」ものです。

　2章の図表 2-6 を思い出してください。方法は目的（もしくは目標）達成に向けた道筋と言えます。そこで、目指すところの目的（目標）を変えてみると、多くの方法に気が付きます。つまり、「やめる」検討などで目的をわかったところで、この目的（目標）を意図して変えることが改善アイデアを見つける秘訣なのです。これだと、いろいろなやり方を見つけた上でもっとも良い方法を選ぶのですから、改善アイデアは間違いなく発見できるでしょう。

⑥時間を短くする（半分の時間で行う）

　目的・目標を変えてみることでいろいろな方法を検討し、その中のもっとも良い方法を考えた上で、さらに「短い時間」でできるように検討します。先ほどの顧客状況の報告書の例では、その項目や内容を絞り込み、またその他の方法（報告書以外の方法など）も検討した上で「いかに短時間で作成できるようにするか」の知恵を出すのです。たとえば、気が付いたときにすぐにメモしておく、箇条書きにする、フォーマットを決めておく、記号を使うようにする、用語や文例を登録しておく、集中して作成する、事例を集めておく、などです。

　そして、「これまでの半分の時間で何としてもやり遂げる」と枠をはめて知恵を絞り出してみてください。目的が明確になり、またいろいろな方法を考えて発想が柔軟になった上で、時間枠を決めて考えると知恵が出てくるものです。また一度で知恵が出ないとしても、あきらめることなく、違う日にも考えましょう。知恵を出すには、考える「回数」が

鍵です。何度も何度も検討することで必ず改善アイデアを発見できます。

　なお、時間を短くするためには、基本業務の改善着眼の「例外改善」「方法改善」「機械化（ICT化）」も有効です。「やめる」検討で目的が明確になり、「任せる」「減らす」検討でそれが的確なものになったら、「必ずやる」ことになるのですから、基本業務と同じ性格になるのです。

　「管理業務」に改善アイデアを見つけるポイントは、ワークシートにメモして「やめる、任せる、減らす（絞り込む）」改善着眼を具体的に考えることです。そして「目的・目標を変えて」「1/2の時間でできると枠をはめて」改善アイデアを見つけてください。管理業務は改善の宝庫です。ぜひ30％以上の改善アイデアを見つけましょう。

5 専門業務タイプ（専門業務）の改善着眼とその当てはめ

　相手や状況に応じて都度具体的な進め方を設計していく専門業務は、量的には少ないのですが（専門という名称から推測すると多いようでも、都度設計する業務は少ない）、こういう業務を遂行する人（専門家）の時間づくりは重要であり、専門業務の改善は大切です。この改善を検討するためのワークシートが図表3-15です。

①非専門部分の多さを認識する

　ワークシートを当てはめる前に注意すべきことがあります。それは専門業務の特徴は「都度進め方を設計する」ことですから、もし業務が改善できると、「改善できる＝設計の仕方が悪い＝設計する自分に力がない」との思いになりやすい点です。そうすると専門家として頑張っている自負があるために、気付かないうちに「私の業務は改善できないはずだ、できても少ないはずだ」との認識になりやすいのです。いくら「改

図表3-15　専門業務の改善着眼ワークシート

区分		チェック視点	改善アイデアのメモ
非専門部分の改善着眼	管理部分の削減（任せる）	□管理部分は任せられないか（本人が一番詳しい） □管理の会議を少なくできないか、必要に応じて一度に行えないか □報告書をやめ、必要な時に聞けないか □定期報告は簡単にできないか	
	情報収集・作業部分の応援	□現場情報の収集は、現場の人にもっと応援してもらえないか □現場情報を収集しやすい体制をつくれないか □作業部分は計画時点から、応援体制をもっと計画できないか	
	資料類の整備	□ひな形を整備しているか （契約書、提案書、見積書、証明書、報告書、稟議書、企画書、取扱書、説明書、設計書、手順書、図面など） □事例を集めているか（同上） □参考資料を整備しているか （試験結果、分析報告書、研究報告書、調査レポートなど）	
専門部分の改善着眼	意思決定の迅速化	□意思決定は役員会議でなく、プロジェクトに権限委譲できないか □担当役員決裁をもっとプロジェクトに任せられないか □計画を充実し、役員了承の頻度を減らせないか □必要な意思決定は、事前説明をもっとうまくできないか	
	専門力を活かすスケジュール	□専門力活用のピークとオフを組み合わせられないか □組織の期間区切り（年、期）による手待ちを減らせないか □もっと個別計画の手待ちをなくせないか □個別の遅れの影響を受けないように、合流のゆとりを持っているか	
	プロジェクト業務の企画と運営の改善	□趣旨浸透はよいか（本気でのやる気） □体制と役割は充実できているか □目標を明確にし、進捗把握の仕組みをつくっているか □情報を早期に収集しているか □進度に合わせ、実施事項を詳細にブレイクダウンしているか □スケジュールをきめ細かにし、中間で点検しているか	
目的・方法を決めるプロセスの工夫	管理業務の改善着眼	□やめられないか、任せられないか □減らせないか、絞り込めないか □目的・目標を変えて考えてみる □半分の時間で行えないか、もっと短時間でできないか	（チェックリスト化、ルール化する）
	基本業務の改善着眼	□もっとスムーズにできないか □業務の内訳（手順）にムダはないか、なくせないか □動作を効率的にできないか □もっと機械化（情報システム化）できないか	（チェックリスト化、ルール化する）
	行動形態の改善着眼	□会議、打ち合わせを効率的にできないか □資料作成を効率的にできないか □電話、メールを効率的にできないか □資料読みを効率的にできないか	（チェックリスト化、ルール化する）
その他	繰り返す場合のノウハウの蓄積	□少しでも繰り返し性のあるものは、事例として残しているか □各種資料、手順、ツール、ルール、スケジュール、注意点などを残しているか □類似プロジェクトの発生に備え、次回への教訓をまとめているか	

善は組織としての仕組みの話だ、改善着眼を当てはめれば改善できる」と言っても、いったんこのような認識を持ってしまうと改善アイデアはなかなか発見できないものです。

　この状況を打破するポイントは、自分の専門の力をどの程度使っているかを認識することです。たとえば半日でもよいですから専門業務を行っている時に、分刻みで〇時〇分から〇分は休んで、〇分から〇分はちょっと人間関係のことで悩んでいた、〇分からは取り組んだが専門力は必要でない……というようにして専門力を使っていた割合を調べてみてください。そして全業務の中での専門業務の割合を乗じましょう。真剣に振り返ると「いかに専門力を使っている割合が少ないか」驚くと思います。

　専門力を「いかに少ししか使えていないか」に気付くことができれば、みんな専門の力を発揮したいのですから、改善しようと思うはずです。そしてその気になれば、元々力のある人たちですからワークシートを活用して改善案を見つけることができるでしょう。

②非専門部分の改善着眼〜（ⅰ）管理部分の削減（任せる）

　専門業務の改善では、何よりもまず、貴重な専門力を使っていない「非専門部分」を徹底してなくすことです。そしてこの第1の目のつけ所は、業務報告、進捗会議、経費や人事面などの管理部分です。もったいないことに、報告を求められることや、会議、そのための資料作成などの時間が実に多く専門業務の中に含まれています。

　報告のための資料作成などは「専門部分ではないか」と思う人もいるかもしれません。確かに幾分かの専門力は使いますが、これらは終わったことの結果まとめが主であり、創造のために専門力を活用しているのではありません。つまり、そこに時間を使ったからといって「新しい創造が増えるのではない」のであり、何としても改善する必要があります。

　このような管理部分を改善する着眼点は、業務を遂行する専門家が内容に詳しいという点です。そして専門家は専門力を有していて、かつ管

理しなくても本人に挑戦意欲があります。したがって「任せる」のでよいのです。仮にその分野について管理者の方が詳しい部分があったとしても、打ち込んでいる本人が目下は一番内容に詳しいのであり、その業務が当初に企画した目的から外れていないか程度の簡単な管理で十分でしょう。もし管理者が他に報告するとか、計画を立てるに際して状況を知りたいのであれば、時間のかかる報告書を求めるのではなく、聞けばよいのです。専門業務の中の管理部分は思いっきり減らしましょう。

③非専門部分の改善着眼～（ⅱ）情報収集や作業部分などの応援

　非専門部分改善の2つ目は、専門力をあまり使わない情報収集や作業部分の改善です。たとえば現場情報の収集やデータ処理などです。これらを専門家が時間をかけてやっていては貴重な専門力のムダ使いであり、大きな改善のポイントです。

　現場情報の収集については、たとえば情報システム開発の専門家は、開発の専門家であり、開発対象の現場については詳しくありません。したがってこの現場情報の収集において応援がないと多くの時間が費やされることになります。そして現場情報を専門家が収集するにしても、現場の人に尋ねるなどするため現場の人の時間はどの道必要になります。したがって必要な情報とその収集方法を事前に計画・準備し、現場の人に当初から応援してもらうのがよいのです。現場の人が嫌がるとすれば、それは現場情報の重要性、使い方、取り方などが不明だからであり、これらがしっかりしていれば効果的に手伝ってもらえます。

　データの加工や材料づくりなど大量の作業部分については、プロジェクト（プロジェクトには大規模でない個人レベルのものなども含みます）のスタート当初から、応援計画をしっかりと立てておくことです。最初の時点で、「いつごろ、何に、どのくらいの時間が必要か」を、立案できていれば、計画的に応援体制を取れるはずです（なお、作業部分の応援は業務の移管であり時間削減にはなりにくいのですが、専門家の集中

度向上が可能であり重要です。そして作業部分には基本業務の「方法改善の改善着眼」が有効ですので、ぜひ参考にして改善してください）。

④非専門部分の改善着眼～（ⅲ）資料類の整備

　3番目の非専門部分の改善は、多くの時間を使っている資料作成や関連した資料探しなどの効率化です。たとえば契約書の雛型がないと、その点検がとても大変になりますし、説明資料をつくるときに参考になる事例がなければ手間がかかります。また必要な資料を探すのに時間がかかっているケースもあります。

　これらは一見、専門力を活用しているようですが、資料などがそろっていれば不要な時間です。そしてこれらの時間は新しい創造にほとんど寄与しないでしょう。資料類（図表 3-15 参照）を整備しておくことで、ぜひとも改善しましょう。

⑤専門部分の改善着眼（ⅰ）～意思決定迅速化による集中度向上

　非専門部分の改善以外に専門部分についても、さらにその集中度向上をはかる改善余地があります。その第1はプロジェクトなどの専門業務において途中の方針が役員会議で決まらないなどにより、意思決定が遅れるために集中できないケースなどです。意思決定が遅れても、先の準備をするなど表面上は専門部分を行っているように見えますが、どうしても集中度が落ちるため改善することが大切です。

　この対策では何といっても意思決定のプロジェクト・チームなどへの権限委譲がポイントです。もちろん重要な段階では役員会議などに諮る必要があるかもしれませんが、多くのケース（途中段階など）ではプロジェクト・チームで決めて十分なことが多いものです。そこでプロジェクトの計画をしっかりと立てておくことにより、役員会議や担当役員などの意思決定でなければ「どうしても困る部分」を明確にしておく（他は権限委譲）改善が重要になります。

もちろんプロジェクト・チーム（または個人）内でも、決定が遅れたり、重要なことに取り組まずに易しいことばかり行うといったことがないように、迅速・的確な意思決定のあり方を構築しておくことが重要です。

⑥専門部分の改善着眼（ⅱ）〜スケジュール充実による集中度向上

専門部分の集中度向上をはかる2つ目は、スケジュールが適切でなく専門家に発生している手待ちの改善です。たとえば必要なデータや材料などが期日にそろっていない場合などです（次の活動に取りかかるなど一見すると時間のロスはなさそうですが、集中度は低下しています）。このスケジュールについては、「全体としてのスケジュール（大日程計画）」「個別スケジュール（詳細日程計画）」の大きく2つの改善視点に分けられます。

全体としてのスケジュールの改善余地については、プロジェクトなどの専門業務では、進度に応じて専門力の活用に山や谷があります。この谷の部分を少なくすることが大切なのですが、組織では年度や期などの定期的な日程を基本に管理することが多く、プロジェクトのスタートが遅れることなどがあります。たとえば、予算が正式に認められずプロジェクトがスタートせずに専門家が手待ちになるケースなどです。専門力の活用に谷（この場合手待ち）部分をつくらないように先行してテーマの事前了承を得

図表3-16　専門家に手待ちを作らない合流バッファー(ゆとり)を持つイメージ

●専門家の活動に手待ちをつくらない計画

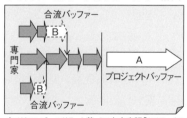

※個別活動の所要時間見積もりを短く（半分程度）して計画を立て、全体が遅れないようにするためのプロジェクトバッファーを持つ（図のA）。
また、ネックになり得る活動（専門家の活動）の前に「合流バッファー」を持つ（図のB）。

（エリヤフ・ゴールドラット著／三本木亮訳「クリティカルチェーン」ダイヤモンド社、2003年より引用（一部変更））

るなどの改善が必要です。

　後者の個別スケジュールについては、図表 3-16 のように専門家の活動を中心にして、そこに合流する予定のものに「合流バッファー（ゆとり）」を持つなどの工夫をし、専門家に手待ちを発生させないことが大切です。

⑦専門部分の改善着眼（ⅲ）
～プロジェクトの企画・運営の改善による集中度向上

　専門業務は都度設計するのであり、それは新規のテーマやテーマは同じでも対象・状況・背景などが新しく、「これまでに経験が少なく業務設計上の未知部分が多いプロジェクト」の形になります。これらは「やり方が決まっていない」という意識から、これまであまり改善されていないことが多いものです。そして、このようなプロジェクト業務は計画を立てにくく、目に見えないムダ（集中度の低下）が紛れ込みやすいのです。

　そこで、この点について図表 3-15 のワークシートをより詳しくした改善着眼が図表 3-17 です。

　企画段階の第 1 のポイントは何といっても担当する人がそのテーマに惚れていることです。過去に取り組んだ経験が少なく先のことがわからない状況で進めていくには、趣旨に賛同し全力で取り組もうと思わないことには話にならないのです。第 2 に、先の見えないことを進めるには、プロジェクトの体制・役割を明確にするとともに、片手間でなく目一杯打ち込めるような専念できる体制をとることが不可欠です。3 番目に、経験の少ないプロジェクトでは、その進捗測定が難しいからこそ、甘えることがないためにも目標と進捗把握の仕組みづくりが重要です。

　これらを参考にして、まだ企画途中だったり、運営段階になっていても手入れが間に合う場合には、早急に改善しましょう。またプロジェクトが終了している場合にも、今後のプロジェクトに活かす工夫を検討し

ましょう。

運営段階では、特に初期に情報が不足すると方向を間違えてしまう大きなロスが発生するので、早い時期に情報を収集し、必要な知識を入手することがポイントになります。また、先のわかりにくいことは、悩みがちになって活動スピードが鈍りやすいため、頻繁に打ち合わせを行う

図表3-17 **過去に経験が少ないプロジェクト業務の改善着眼例**

区分		チェック視点	改善アイデアのメモ
企画段階	趣旨浸透（腹くくり）	□リーダーとして「腹をくくれ」ているか □メンバーがリーダーと同じ気持ちになっているか □心配点、不安点は吹っ切れたか	
	体制・役割づくり	□リーダーとして責任を取れる専念した体制をつくれたか □メンバー、支援者に具体的実施事項の了承を得ているか □情報収集や作業部分などの応援体制を点検できたか	
	目標と進捗把握の仕組み	□目標は測定可能なように設定できたか □達成期日を明確にできたか □途中での進捗を把握する仕組みをつくれたか	
運営段階	初期の情報収集	□基礎的な情報はリストアップし、早期に収集できているか □情報を持っている人に聞き、教わっているか □社外も含め、専門家に聞いているか	
	打ち合わせと計画	□頻繁に打ち合わせ、計画を立てているか □仮説をどんどん出しているか □わからないこと、不安点を書き出しているか	
	詳細実施事項とスケジュール	□進度に合わせ、実施事項を詳細にブレイクダウンしているか □中間の重要な節目となる行事（マイルストーン）の日程を早い日程に決めているか □個々の納期を決めているか 　（最後にゆとりを持つように、個々の納期は可能な限り短く） □適宜点検しPDCAを回しているか	

ことで、内容を点検したり計画を確認することが重要になります。なお、プロジェクトが進んで行うべきことが明確になった時点では、実施事項をブレイクダウンして日程計画をきめ細かく立案することが重要になります。

⑧目的や方法を決めるプロセスの工夫や専門ノウハウの蓄積など

　専門業務は具体的な活動（内訳業務）の目的や方法を都度決めるのですが、たとえば「○○は現場に遂行してもらう」などの改善内容を、「チェックリストにして都度決めるプロセスに活用する」などの工夫をすれば、改善案になり得ます（○○は現場に遂行してもらうだけだと、終わったことであり、いわば「後の祭り」になります）。そこで基本業務・管理業務の改善着眼を参考にして改善アイデアをまず見つけ、これを都度決める際のルールにするなどの工夫をすることで改善案を立案できます。同様に次節で説明する会議や資料作成などの行動形態の改善着眼も活用できます。

　なお、具体的な活動の目的・方法を都度設計するとはいえ、全くの新規ではなく、類似テーマなどで幾分の繰り返し性があるケースもあります。この場合には、その専門のステップごとにノウハウ（やり方、コツ）を蓄積していくこと（各種資料、手順、ツール、ルール、スケジュール、注意点など）が鍵になります（この点は効率化よりも専門業務のレベルアップや競争力向上として研究されることが多く、本書では効率化として集中力向上の視点のみ取り上げています）。

　「専門業務」に改善アイデアを見つけるポイントは、管理などの非専門部分を徹底して排除することです。そして専門部分についても、集中できていない時間をきめ細かに見つけ出しましょう。図表 3-15 の改善着眼ワークシートを活用してください。

6 「行動形態」の改善着眼とその当てはめ

　会議、資料作成、メールといった業務を構成する要素としての「行動形態」の改善着眼は、馴染みがあり考えやすいので、業務別の改善着眼で改善アイデアを発見できない時に大いに役立ちます。

　そこで、主要な行動形態ごとに、改善アイデア出しに役立ちやすい視点を改善着眼ワークシートにまとめたのが図表 3-18 です。改善アイデアを見つけられるように多くの改善着眼をまとめましたので、改善アイデアが出ていない時には、各項目を「きめ細かに当てはめる」と、まず何らかのものを見つけられるでしょう。

　改善アイデアは、たとえ 1 つでも見つかると、その後も見つかるようになりやすいものです。ぜひ活用して改善アイデアを見つけてください（なお、行動形態の改善着眼は業務でなく行動に着目するので目的の視点が弱くなりがちです。目的に注意しながら活用してください）。

図表 3-18　主要な行動形態の改善着眼ワークシート

区分		チェック視点	改善アイデアのメモ
会議の改善着眼	伝達議題	☐参加者に必要な議題にもっと絞り込めないか ☐単なる紹介程度のものはメールや資料配布にできないか ☐全員にかかわらないものは後での個別説明にできないか ☐うまく伝わったか確認する計画を立てているか ☐説明の要点を確認し、短く話しているか ☐会議案内で時間枠を決めているか	
	意思決定議題	☐もっと権限委譲できないか（重要議題のみにする） ☐根回しの済んでいる形だけの議題はやめられないか ☐政治的な発言をしないような習慣を日頃からつくっているか ☐もっと意思決定に適した資料を準備できないか ☐討議体質・ルールをもっとうまく構築できないか、強化できないか	
	問題解決（アイデア出し）議題	☐メンバーはアイデアを出す意欲のある人に絞れないか ☐後での根回しのためのメンバーは外せないか ☐事前準備してこないメンバーは外せないか ☐アイデアを出す刺激となる資料を準備しているか ☐アイデアゼネレーションの運営ルールを明確にしているか	

区分		チェック視点	改善アイデアのメモ
資料作成の改善着眼	定形資料	□誰がどう使っているのかを検討し、やめられないか（他のもので代用、口頭にする、権限委譲など） □報告の頻度を絞れないか、まとめて行えないか □項目を見直し、必要な項目に絞り込めないか □詳しい文章をやめ、データ中心にできないか □元データのままにし、加工をやめられないか □文章を書かなくてもよいチェック方式にできないか □箇条書きにし、文章をパターン化できないか □レポート類など、すぐ作成する習慣にできないか □日常から気付いた時にメモしているか □時間枠を決めて集中して作成できないか	
	非定形の意思決定資料	□箇条書きを基本とし、修飾表現をなくせないか □代替案を比較形式で示しているか □予測結果は客観的に示し、評価基準も示しているか □予測のあやふやな点を明記しているか □デメリットや心配点は示しているか □データは客観的に取り扱い、また根拠を示しているか □参考になる良い事例を集めてあるか	
	非定形の問題解決資料	□意欲が湧くようにテーマの目的・目標を明確に示しているか □問題解決の手順を示し、今回検討の範囲を明確に示しているか □問題解決の取組み方針、条件などを明確にしているか □現物、現状データ、問題点などアイデア出しの材料を示しているか □刺激になるアイデアの例や視点を示しているか □資料の美しさは不要で、発想の参考になるものを多く示しているか □長い文章はやめ、箇条書きを基本にしているか	
電話の改善着眼	発生を減らす	□問い合わせや依頼を元からなくせないか □取次ぎをなくせないか □重要でない確認などの電話はやめられないか □急ぎでない件はメールにしてもらえないか □伝言はやめ、留守電（携帯）に入れているか	
	短時間化	□こちらからの電話は要点をメモしてからかけているか □長くなる話は、資料を送付するなどしてから電話しているか □長い話はいったん切り、メールで論点を整理するなどしているか □時間枠を決めておき、それを超えるときはいったん切っているか □長くなりそうな重要な内容のものは、直接会った方が早くないか	
	周辺ロス時間の削減	□業務を中断させないように時間帯や場所を工夫できないか □業務の中断になる折り返し電話はやめられないか □スムーズに電話できるように、相手の状況を把握しているか □業務を中断させないように、メールに変えられないか □日ごろから相手と良い関係をつくっているか	

区分		チェック視点	改善アイデアのメモ
メールの改善着眼	減らす	□私用のメールはやめられないか □「CC（参考）」を廃止できないか □単なる挨拶や確認だけのメールはやめられないか □会議案内、通達以外の「複数人あて」は、必要最小限にできないか □「お知らせ」などは重要案件のみにし、他は掲示板にできないか	
	作成の短時間化	□用件のみにしているか（挨拶部分などをやめる） □箇条書きにしているか □トータルの文字数を決めているか（制限する） □文例を準備しておけないか、点検チェックリストをつくってあるか □メールの文章が長くなるものは電話にできないか	
	受信メールの迅速対処	□可能な限り即時判断し、迅速に処理しているか □迷う回答、長文になる回答は電話の方が早くないか □判断に迷うものは一時保留にし、別途機会に対処できないか □メールを見る「時間帯」を決められないか □メール対処の「時間枠」（目標時間）を決めているか	
資料読みの改善着眼	目的が明確な場合	□読むべきものを集めておき、一気に集中して読んでいるか □資料読みの日や時間帯を決めているか □集中できる場所を確保し邪魔の入らないようにしているか □視点を決めてどんどんメモし、一気に集中して整理しているか □目標時間を決めて、意識して集中しているか	
	目的が不明確な場合	□調べる目的を話し合い、言葉にしてみているか（仮にでも決める） □上記を専門家に話してみて、確認しているか □専門家にその分野の概要を聞いているか（何を調べるとよいか） □専門家にすぐ相談できないときは、一気に全体概要を調べているか □調べた概要と仮決めした目的を一定時期に確認しているか □継続的に調査する場合には、媒体を絞り分担しているか	

①会議の改善着眼

　行動形態の中で時間割合の大きなものが会議と打ち合わせです。打ち合わせは、いわば会議（4人以上で会議室で計画的に行うものとします）の簡易なものであり、会議の改善着眼を応用できるため、ここでは会議の改善着眼について説明します（会議の方が計画的でムダが少ないためこちらで検討する方が応用が効く）。

　会議を改善するには、その目的に照らして検討することが大切です。会議の目的は個別に異なりますが、会議を開く意味（いわば会議目的の類型）は、「伝達の効率化」「参加者による合意」「相乗効果によるアイデア収集」の3つに分けることができます（畠山滋男、塩入肇、佐藤光洋、

中田崇、石井明夫著『ビジネス会議の効率化』日本能率協会、1982年より引用)。それぞれ、伝達議題、意思決定議題、問題解決議題と言われ、この議題別に検討することが効果的です。

　伝達議題は伝達側の効率化がねらいであり、聞く方は1対1に比べメリットがないのであり、全員には関係しない議題はやめる、伝えるポイントを絞り込む、など聞く側の効率をよく考えて準備・運営する必要があります。意思決定議題では些細な案件を議題にせず、また討議の体質をしっかりと日頃からつくっておくことが大切です。問題解決議題では、問題解決に貢献しない人をメンバーにせず、みんなに事前準備をしてもらうなど相乗効果を発揮できる運営への工夫がポイントになります。
　なお意思決定議題と問題解決議題は、良い意思決定、良い問題解決が、後の効率に大きく影響するため効率化以外に質の向上も重要です。たとえ会議の時間を減らせなくても、質の向上をはかることで、会議後の活動を含めトータルで効率化しましょう。

②資料作成の改善着眼
　会議・打ち合わせとともに時間割合の大きい資料作成は、「定形資料(繰り返し性がありフォーマットが決まっているもの)」と「非定形資料(繰り返し性がないもの)」に分けて検討するのが効果的です。
　定形資料は、一度フォーマットができると継続するため、きめ細かく点検して改善することが大切になります。資料そのものを「やめたら」と考えて目的を明確にし、その目的に照らして必要な項目・内容に絞り込む視点が重要です。そして短時間で作成できるように図表3-18のワークシートの視点を徹底して当てはめましょう。
　非定形資料は意思決定目的のものと問題解決目的のものに分けることができます(伝達目的のものもあるが数は少ない)。意思決定のために資料は重要であり、余分な形容詞などの情緒的な要素をなくしデータ中

心にするとともに、意思決定に必要な項目、内容を記述できているかの点検が重要です。またこれらの参考になる良い事例の収集も大切です。問題解決のための資料はむしろ不足しているケースが多くあります。良い解決策が見つかるなら後で成果が出るのであり、解決アイデアを出すための材料を準備することが重要です。アイデアを出すための中身を中心にし表現に気を使い過ぎないなど、形式面に時間をかけないような改善が大切です。

　なお、この両者はむしろ内容を充実して、その後の活動も含めた全体での効率化をはかる着眼が大切です（図表 3-18 の改善着眼も内容充実の視点を重視しています）。

③電話の改善着眼

　電話の改善では、業務が中断されるロスが大きため、問い合わせや取次ぎなど、本来は不要な電話の原因を分析して、「元から減らす」ことが何よりも大切です。もちろん緊急でないものはメールに置き換える着眼も重要です。

　また長い話はいったん電話を切るなどの改善策も重要です。そして相手の不在やいらいらなど電話周辺の時間ロスの改善も忘れてはなりません。

④メールの改善着眼

「メールが多くて困っている人」はとても多いです。管理者など毎日メールに数時間も取られている人もいて、改善が大切です。

　メール改善の大きなポイントは、「CC」をなくすことです。メールのうちの多くの割合がこの CC です。「参考に見ておいてください」という中途半端な仕事の仕方をやめ、必要なことは直接宛先のメールにする改善が不可欠です。全社的に CC を廃止すると大きな改善効果が見込めます。たとえ全社的に廃止できなくても、多い先から削減を依頼し減らしましょう。

もちろんメール文を短くし時間を使わなくすること、メール文のパターン化や文例の収集・整備、受信メールの迅速な対処などはすぐにもできることであり、改善着眼ワークシートを活用してどんどん改善アイデアを出してください。

⑤資料読みの改善着眼

　資料を読む時間の多い人がいます。資料読みは目的が明確になっている場合と、先行した問題意識からの調査などでまだ目的を明確にできていない段階の場合では、そのポイントが異なります。

　目的が明確な場合は、その目的に合致した媒体に絞り込み、結果のまとめシートなども準備し、一気に集中して読むことです。一気に大量の資料を読むと全体像を把握しやすく、また関連した内容の相互関係なども早く理解できます。

　一方、目的を絞り込めていない先行情報収集の場合には、まずその分野の概要をつかむことが重要であり、専門家などに尋ねるのがよいでしょう。そして頻繁に途中でも打ち合わせ、仮にでも良いので目的を明確にし、効率的に調査を進めていく改善が大切です。

　「行動形態」から見て改善アイデアを見つけるポイントは、改善着眼ワークシート（図表 3-18）をきめ細かに当てはめることです。改善アイデアが見つかっていない業務についてワークシートを徹底して当てはめましょう。

7 「流れ」の改善着眼とその当てはめ

　これまで見てきた業務や、その構成要素としての行動形態とは別に、業務を越えた高所から見ると発想を切り替えやすくなります。そしてこ

れまで改善アイデアを発見できていない場合にも、新たな刺激を得られ発見が可能になります。これが業務よりも大きな「流れ」から見る改善の視点であり、その改善着眼をワークシートにまとめました（図表3-19）。

　「流れ」の改善では、流れを図に示して改善を検討する視点、これまでとは大きく見方を変えて根本から抜本的に見直すビジネスプロセス・リエンジニアリング（BPR）の視点が重要です。

①流れを図に示し改善を検討する視点（主に BPR 以前）

　「流れ（主に事務の流れ）」を図にして検討する視点には、○、◇、▽などの記号で図示して分析する業務プロセス・チャート分析（事務工程分析とも言われます）の見方や、実際の帳票を流れに沿って模造紙に貼り付けて分析する帳票分析や巻き紙分析の見方などがあります。記号を書くのに慣れていない場合には、□□□（ブロック図）で流れを示したり帳票をコピーして並べるなどして、流れを「見える（図示）」ようにしましょう（自チームだけでなく前後の部署を含めて図示）。

　図示できた流れを見て、まず流れ全体の目的を確認し、流れの各部分が役立っているか点検します。また流れの中で重複・類似している帳票や作業がないか点検します。部署を超えると重複したり類似した点もよくあるのです。そして流れがシンプル、スムーズか点検します。さらに流れの個々の要素（作業、点検、保管など）が、ムダのない効率的な方法か、停滞なくスムーズに遂行されているか、難しい部分はないか、などについて点検しましょう。

　図表 3-19 を当てはめて改善アイデアを発見してください（なお流れの個々の要素ごとの詳しい改善着眼は本章 102 ページの図表 3-9 も参照）。

　それでも改善アイデアが見つからないときには、図示したものを見ながら図表 3-19 や図表 3-9 を参考にみんなでワイワイガヤガヤと話し合ってください。図示したものと改善着眼を示したものがあると、必ず

図表3-19　「流れ」の改善着眼ワークシート

区分		チェック視点	改善アイデアのメモ
流れの改善着眼	流れを図示して検討する改善着眼	□流れ全体の目的は何か、やめたら何が困るのか □困ることから明らかになった目的に貢献していない部分はないか □流れの個々の要素は流れの目的に対して役立っているか □流れの中で重複や類似した帳票・作業・点検・保管はないか □流れはシンプルでスムーズか、停滞することや停滞する部分はないか □流れの個々の要素はムダがなく効率的に行われているか 　□帳票がないと何が困るのか、代わりになるものはないか 　□帳票はもっと簡素にできないか 　□帳票をもっとラクに作成できないか、自動で作成できないか 　□作業をやめると何が困るのか 　□作業で不便なことはないか、例外はないか 　□作業は間違うことなく、ラクにできるか 　□作業は自動化できないか 　□点検がないとどこを間違えるのか、どうしたらよいか 　□点検の基準は客観的なもので、間違えないものか 　□点検を重複して行っていないか 　□意味のない印鑑ではないか 　□転記の意味は何か、やめられないか、元資料を活用できないか 　□転記を減らせないか、一部にできないか、もっと効率的にできないか 　□保管は必要なものか 　□保管は重複していないか、他部署でも保管していないか 　□もっと効率的な保管の方法はないか	
	BPRの視点（M・ハマー&J・チャンピー）	□仕事をくくれ (Several jobs are combined into one) □全権限をおろせ (Workers make decisions) □並行処理せよ 　(The steps in the process are performed in a natural order) 　(Reengineering processes are freed from the tyranny of straight-line sequence) □ケース区分せよ (Processes have multiple versions) □最適場所で行え 　(Work is performed where it makes the most sense) □ノーチェックにしろ (Checks and controls are reduced) □調整をなくせ (Reconciliation is minimized) □1人で顧客に全責任を負え 　(A case manager provides a single point of contact) □集権化と分権化の組み合わせメリットを探せ 　(Hybrid centralized/decentralized operations are prevalent)	
	流れ全体を抜本的に見直す4つの発想視点	□顧客ニーズに特化し、ニーズから見た理想のプロセスにできないか □理想のインプットだと理想のプロセスにできないか □理想のインプットにもっていけないか、工夫できないか □理想のインプットとそうでないケースでプロセスを分けられないか □流れの前提にしているパラダイム(価値観)を逆転して設計できないか □発生元、即時、ダイレクト、インプットにできないか □要求元、随時、ノー加工(加工なし)、アウトプットにできないか	

(流れの個々の要素の改善着眼については日本能率協会コンサルティングの研修テキスト(図表3-9)を要約している)

誰かから改善アイデアが出てきます。

②ビジネスプロセス・リエンジニアリング（BPR）の視点

「流れを図示して検討する」だけではなく、さらに全体を根本から抜本的に見直すものとして BPR の考え方・見方が参考になります。それは長い間当たり前のように肯定されてきた「分業の原則」に基づく流れのあり方を根本から問い直すものであって、「劇的な改善」を達成するために「ビジネス・プロセス」を「根本的」に再考し、「抜本的」にリデザインするものです。

　BPR での改善アイデア出しには特に決まったやり方（アルゴリズムやルール）はないとされるのですが、「リエンジニアリング後のビジネス・プロセスに見いだされる共通点、共通のテーマや特徴」として図表 3-19 が示されています。(Michael Hammer and James Champy "Reengineering the Corporation" HarperCollins, 1993 より引用し、改善アイデアを出しやすいように表現を修正、英字はそのままの引用。BPR の「劇的改善、根本的、抜本的、ビジネス・プロセス」という定義も同書より引用)。

　そこで、これを改善アイデア出しに活用することが考えられます。たとえば、流れを個々に分けるのではなく「仕事をくくる」「担当者が意思決定できる」と考えます。また従来一般的になっている 1 つの直列の流れに対して、「並行処理」や「ケースで分ける」との点からも再考します。そして業務遂行の場所も「最適な場所」にし、流れをスムーズにすべく「チェックや調整を少なく」して、「1 人が顧客に全体の責任を持つ」ように検討します。また集権化と分権化の組み合わせメリットを探します（情報技術活用）。

③流れ全体を見直す 4 つの発想視点

　上記の BPR の見方（図表 3-19 の 9 つの視点）を参考にしようとすると、プロセス全体の視点から検討しているつもりでも、「この部分をくくっては」「この部分の権限委譲は」というように 9 つの視点をプロ

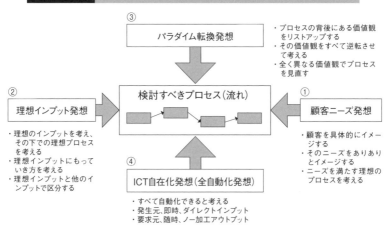

図表 3-20　プロセス全体を抜本的に見直す４つの発想視点

③
パラダイム転換発想

・プロセスの背後にある価値観をリストアップする
・その価値観をすべて逆転させて考える
・全く異なる価値観でプロセスを見直す

検討すべきプロセス（流れ）

②
理想インプット発想

・理想のインプットを考え、その下での理想プロセスを考える
・理想インプットにもっていき方を考える
・理想インプットと他のインプットで区分する

①
顧客ニーズ発想

・顧客を具体的にイメージする
・そのニーズをありありとイメージする
・ニーズを満たす理想のプロセスを考える

④
ICT自在化発想（全自動化発想）

・すべて自動化できると考える
・発生元、即時、ダイレクトインプット
・要求元、随時、ノー加エアウトプット

セスの個々の要素に当てはめる検討になりがちです。これではプロセスの根本からの抜本的な見直しになりません。そこで実践を通じて、いかにしたらプロセスを根本から抜本的に見直せるのかを研究してきた結果、発見した新しい視点を要約したものが図表 3-20 の「流れ全体を抜本的に見直す４つの発想視点」です。この視点はプロセス全体を外側から見るものであり、根本からの抜本的な改革アイデアを発見するための秘訣ともいうべき視点であり、参考になります。

　まず流れの顧客を想定し、顧客のニーズを具体的に考えメモします。ニーズを達成するのがプロセスであり、このメモを見て頭の中をニーズだけ（他のことをゼロ）にして、プロセスの理想の姿を徹底して考えます。
　次に流れを理想のインプットで再設計します。流れはインプットに何らかの加工が行われアウトプットされるのですが、いろいろなインプットに対応しようとし過ぎて効率が悪くなっています。理想のインプットだと理想のプロセスが可能であり、理想のインプット以外に対応するのではなく、逆に理想のインプットにもっていくようにしましょう。仮に

すべてを理想のインプットにはできない場合にも、プロセスを理想のインプットとそうでない場合で分けることにより大きく効率化できます。

　また、プロセスは特定のパラダイム（前提としている価値観、考え方）の下につくられています。たとえば「人は責任を嫌がる、顧客は手間を嫌がる」などです。この価値観を変えると、根本的・抜本的な改革アイデアに気付きやすくなります。そこで今のパラダイムを摘出し、意識的にこれを逆転させて考えることで根本からの抜本的な改革アイデアを発見できます。

　さらには情報通信技術の発展している今日、プロセスは自動化（理想は全自動化）できるはずです。情報の発生元で、即、ダイレクトにインプットし、要求元で、随時、ノー加工でアウトプット（活用）できるとの前提で考えることで、抜本的な情報システム化案を発見できます。

　なお、これら4つの視点は「流れ」だけでなく、「業務」に対しても応用することができます。

「流れ」から見て改善アイデアを見つけるポイントは、メモでもよいので流れを書き出し、業務を離れた大きな目線になって知恵を絞り出すことです。図表3-19を当てはめて何度も考えましょう。

8 「改善アイデア出し」の実習

　改善着眼を理解できたら、その見方を忘れないうちに、改善アイデアを出す実習を行いましょう。この実習が成功し改善アイデアを目標まで出せると、業務改善は成功したも同然です。「改善アイデア出し」実習の手順は次の①～③の通りです。

① 1人ひとりが自分の業務に当てはめて、改善アイデアを出す

　最初は、1人ひとりが改善着眼をしっかりと自分の業務に当てはめて

改善アイデアを考え、見つけ出すことです。

　具体的には業務ごとにそのタイプを判断し、必ず行う基本業務については、図表 3-4 の「基本業務の改善着眼ワークシート」を活用して、「例外改善、方法改善、機械化」の視点から検討します（管理業務、専門業務と合わせて 30% の目標を達成できそうだと思えるところまで見つけます）。管理業務は図表 3-11 のワークシートから「やめる、任せる、減らす、方法改善（目的・目標変更、短時間化）」を考え、専門業務は図表 3-15 のワークシートで「非専門部分の改善、専門部分の集中度向上」を考えて改善アイデアを見つけます。

　業務タイプ別に見ても改善アイデアが見つからないときには、会議や資料作成など「行動形態」の改善着眼を当てはめて改善アイデアを探し、また業務を超える大きな「流れ」の視点からも考えます。

　こうして気付いた改善アイデアは自己業務改善点検表の右端欄（問題点／改善アイデア欄）にメモします。それは改善アイデアになっていなくても、問題点だけでも、例外だけでもよいのでメモしておきます。

　改善アイデアを出す際のポイントは、「何としても目標を達成しよう」と意識して進めることです。目標という枠を持つことで改善アイデアを絞り出すのです（実習時間が少ない場合には、検討する業務の範囲を決めて、その部分について目標を達成するまで挑戦します）。そこで、実習の時間はあまり短くしないで自己業務改善点検表の決めた範囲分を検討し終えて、各人が「目標を達成できそうだ」と思えるところまで実習することが重要です（達成の難しそうな人には次の②で応援します）。

②改善アイデアが出ていない業務についてのディスカッション

　決めた範囲の業務について改善アイデア出しができたら、業務の類似した人が小グループになり、改善アイデアの出方が少ない人を中心にディスカッション方式で改善アイデア出しを応援し、追加します。

具体的には、1人ひとりが改善アイデアの出具合を説明した後、業務の所要時間が大きくてあまり改善アイデアの出ていない業務について、その内容を説明し、みんながアドバイスします。目標まで改善アイデアを出すために、少しでも多くの改善アイデアを追加します。

　そしてこのためには、「何としても改善アイデアを出そう」との気持ちでみんなが協力することです。

③改善効果時間を予測し、今後の進め方を検討する

　1人ひとりの相談が終了したら、発見できた改善アイデアが、今後正式に改善案として成立した場合、どのくらいの改善効果時間になりそうかの予測を整理しましょう。この時点では問題点だけのものもあり、改善アイデアがまだ漠然としているものもありますが、「目標を達成できそうだ」との見通しを持っておくためです。具体的には改善アイデアをメモした自己業務改善点検表の余白などに改善効果時間をメモしておきましょう。

　もし、特に改善アイデアの出具合の少なそうなメンバーがいる場合、業務が類似していて改善アイデアが参考になりそうなメンバーが手伝えないかなど、今後の協力の仕方を話し合いましょう。

9 グループディスカッションの運営ルール

　実習のポイントは、小グループのディスカッションで各人が「目標達成できそうだ」と思えるまで改善アイデアを追加できるかです。というのも改善アイデアを出せそうだとの自信ができれば、みんな活動により積極的になり、成功にさらに近づくからです。そこで「どう上手にディスカッションを進めるか」が重要になります。この時の良い方法は、ディスカッションのルールをつくっておいて、これに沿うようにリーダーが

ガイドしながら進めていくことです。ルールの代表的な例が図表 3-21 の「ブレーンストーミングの規則」です。

　アイデアを豊富に出すためには、「突拍子もないアイデア」も（むしろ歓迎して）出し、「批判しない」ことです。批判があると良いものを出さなければならないという意識が制約になり、アイデアが出にくくなります。また「多く出す」ことが大切です。どんどん出して発想を拡げるとともに、他の人のアイデアに「結合・改良して」追加していきます。

　これらのルールは、図表 3-21 の右欄に示した「突拍子もなく、批判せず、量多く、結合・改良して」のように短く表現して覚えやすくしたり、板書して見えるようにしておくなど、使いやすいように工夫しましょう。改善アイデア出しはみんなの「勢い」が重要であり、ゲーム的な「明るさ」も重視しながら、多くの改善アイデアが出てくるように進めましょう。そして「やれそうだ、改善アイデアを出せそうだ」との雰囲気をみんなでつくっていくことが大切です。

図表 3-21　ブレーンストーミングの規則

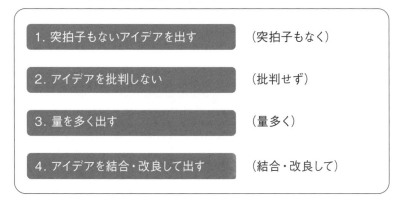

1. 突拍子もないアイデアを出す　　（突拍子もなく）

2. アイデアを批判しない　　（批判せず）

3. 量を多く出す　　（量多く）

4. アイデアを結合・改良して出す　　（結合・改良して）

（アレックス・F・オスボーン著／豊田晃訳『創造力を生かす（新装版）』創元社、2008 年より表現を一部修正して引用）

Q&A 疑問・質問とその考え方

「そんな案ダメだろう、実現できないじゃないか」……グループディスカッションに慣れていず、批判したり、黙り込んでしまうようなケースが時々あります。これではディスカッションの雰囲気が暗くなり、改善アイデアも出てきません。何としてもディスカッションを明るく前向きにしていくことが大切です。

Q1 「批判が出てくるケース」への対応

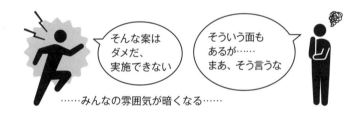

……みんなの雰囲気が暗くなる……

困るのは、改善アイデアへの批判が出てくることです。目的をわからず、気付いたことを（批判になっても）とにかく言うケースなどです。そのメンバーに悪気はなさそうなのですが、明るい挑戦の雰囲気をどうつくればよいでしょうか。

・・・・

A この時、「そんなことはないだろう」と、内容に反対しても、さらに反対があると、ますます全体の雰囲気が暗くなりかねません。そこで、「今の意見はこういう点があり得るので、対策としてたとえばこういったことも改善案に追加した方がよい、というアドバイスの意味ですね」というように、アドバイスに明るく置き換えるのがよい方法です。

そうは言っても、うまいアドバイスを思いつかない時もあります。この時は「批判せず」などのディスカッションルールを活用し、「批

判はないはずなので、この後でアドバイスがあると思いますが、みなさんも何かアドバイスありませんか」のように明るく切り換えるのがよいです。「批判は元々ルール外だからない」との前提で、次のアドバイスに移っていくのです。

Q2 「黙り込んでしまうメンバーがいるケース」への対応

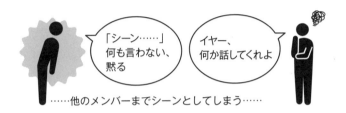

悪気とか、反対ではないのですが、発言しないメンバーがいると、シーンとしてしまって、みんなのアドバイスも少なく、雰囲気が暗くなりかねません。どう明るく切り換えるのでしょうか。

● ● ●

A こういう人には、司会者から話すきっかけをつくるように、その人の詳しそうな部分について、「○○さん、今こういう点でアドバイスを欲しいとのことですが、あなたはこの部分について以前に○○を担当していましたが、○○の実態はどうなっていますか」のように指名質問（先に名前を言ってから質問する方式）をしましょう。それもすぐにアドバイスを求めず、事実関係などの答えやすい質問をしましょう。そしてその回答によって、「○○ということは、△△というアドバイスという趣旨でよいですね」というようにアドバイスに結び付けられると望ましいです。アドバイスに直接結び付かなくても、その答えから他のメンバーにアドバイスを求め、全員参加の積極的なムードをつくっていきましょう。

Q3 「人のことを考えずに、自分のことばかり気になっているケース」への対応

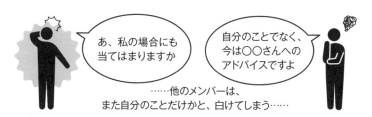

あ、私の場合にも当てはまりますか

自分のことでなく、今は○○さんへのアドバイスですよ

……他のメンバーは、また自分のことだけかと、白けてしまう……

「そのことは私にも当てはまりますか……」のように、他のメンバーへのアドバイスの時間にもかかわらず、自分の改善案のことばかり考えているようなケースもあります。これでは座が白けかねないので、対策が必要です。

・ ・ ・

A このようなメンバーは自分のことを心配しているだけであり、自分の目標を達成しようと必死なだけなのでしょう。そこで、まず本人の目標を早く（できればミーティングの場以前に）達成することが重要になります。そうすれば「心にゆとり」ができて、他のメンバーへのアドバイスに積極的になれるでしょう。

また、「あなたの分担分も大切だが、みんなで全体の目標を達成することが重要であり、今は○○さん分の検討である」旨を理解してもらいましょう。そして状況によっては、メンバーからアドバイスを引き出す司会の役割を分担してもらうなどの工夫も検討しましょう。

いずれにしても、全体の目標達成へ向けたチームとしてのマインドの大切さをみんなで確認していくことが重要です。

10 全体でのディスカッションとまとめ

　小グループでのディスカッションが終了したら、チーム全員でのディスカッションに移ります（もちろん人数が少ないなど、小グループ編成を行わない場合は不要です）。みんなで改善アイデア検討の結果をわかり合い、今後の進め方と目標達成に向けた協力・応援の計画を立てるのです。

①小グループでの検討結果と協力・応援の計画検討

　まず小グループの代表者（または1人ひとり）から改善アイデアの出具合を報告してもらいましょう。実習時間の制約から範囲を区切った場合には、その範囲内での改善％を報告してもらい、また今後残りについて検討し終えたら、「目標を達成できそうか」の感触も報告してもらいましょう。

　なお、目標まで改善アイデアが出ていなくても（出ていないメンバーがいても）、限られた時間内でのことであり何ら問題はありません。今後、日常の中で改善アイデアの積み増しを行うのであり、今回は改善アイデア出しのはじめての検討（実習）に過ぎないのです。今回学んだ改善着眼を何度も当てはめることで、その見方が自分のものになるとともに、より多くの改善アイデアを発見できるようになるのです。

　もし目標達成の難しそうなメンバーがいる場合には、協力・応援の計画を検討しましょう。まずみんなに共通の業務で、改善効果時間の上乗せがあることを確認しましょう。これはみんなの改善アイデアの中から効果の大きなものを選ぶので、改善効果時間の上乗せが期待できるからです。また仲間の類似業務やその他の業務でも発想がヒントになるものを探すと、必ず上乗せできることを話し合いましょう。そして、事務局がヒヤリングを行い、上乗せに協力・応援していく旨も伝えましょう。

②相互協力（ディスカッション方式など）の計画立案

　個人への協力・応援とともに、みんなで助け合うことも検討しましょう。業務が類似しているメンバーや関連しているメンバーが集まって改善アイデアを交換しながら、追加する進め方（今回のような場）を検討するのです。

　改善アイデアに気付くためには、これまでの自分の見方と異なる視点から検討することが重要であり、改善着眼ワークシート以外にも、他の人の見方を参考にできるディスカッションの場などが大切です。そしてそのような場を持つことで、みんなが多角的な視点から改善アイデアを発見できるのみならず、改善発見力（創造力）を伸ばしていくこともできるのです。

3 第2回「改善アイデア出し」 ミーティング後のフォロー活動

1 「改善アイデア出し」フォロー活動の進め方

　改善アイデアを出せると、業務改善は成功したも同然であり、「改善アイデア出し」のフォロー活動は一連の改善活動を通してもっとも重要とも言えます。そこでこのフォロー活動は、必ずみんなに行いましょう。というのも「改善アイデア出し」ミーティングでは、発想が出やすいように「できるとの雰囲気」をつくることが重要であり、みんなで多くの改善アイデアを出し合うのですが、まだアイデア段階であり、そのままだと改善案として完成させていくと目標を達成していないこともあるからです。

① 「改善アイデア出し」フォロー活動の準備

　改善アイデア出しのフォロー活動は重要なため、しっかりした準備が大切になります。準備には大きく2つのポイントがあります。それは、フォロー活動の考え方を確認しておくことと、改善アイデアやそのヒント（問題点や例外などの改善への手がかり）を考えておくことです。

　最初のフォロー活動の考え方は、1章2節2③、2章3節1①を振り返って、再度確認してください。それは「チェック」ではなく、共に目標を達成する仲間同士としての協力・応援なのです。この考え方がヒヤリングする側、ヒヤリングを受ける側の共通認識になっていないと、心から一緒に改善アイデアを探すという意識になりにくく、新しい改善アイデアの発見は難しくなります。「改善アイデア出し」フォロー活動は、目標を達成するまで改善アイデアを追加することが目的であり、これでは意味がありません。

次に改善アイデアやそのヒントを考えておきます。これは「チェックではなく協力・応援」を実践するためにも重要です。何も自分にアイデアがないと、つい「改善アイデアはないのか」というチェックのようになりやすいのです。しかし事前に改善アイデアやそのヒントを考えてあれば、いざとなれば考えておいたヒントなどを一緒に検討することができるため、心にゆとりができ、「仲間としての協力・応援」に自然となりやすいのです。

　具体的にはフォロー対象者の自己業務改善点検表を見て、所要時間の大きな業務について改善アイデアやそのヒントを考えましょう。また同じ業務、類似した業務を行っている他のメンバーの自己業務改善点検表も見て、探しておきましょう。

　自己業務改善点検表を見ただけでは、なかなか改善アイデアに気付かないこともありますが、何度も見ておくと業務内容がわかり、フォロー活動の時に、相手と一緒に改善着眼を当てはめて検討しやすくなります。ぜひ何度も見て、改善着眼を当てはめて、少しでも改善アイデアやそのヒントを探しましょう。

②具体的なフォロー活動の進め方

　フォロー活動のスタートでは「先日はありがとう。みんなの協力のおかげで改善アイデアが多く見つかり、目下順調に進んでいます。……」など、これまでの活動が順調に進んでいることを確認しましょう。その上で進め方に質問がないか聞きます。1対1の機会に少しでも多く協力への感謝の気持ちを伝え、質問に答え、チームを良くしていきたい気持ちを共有することが大切です。またフォロー活動は「チェック」ではなく、仲間として改善アイデアを一緒に検討していきたい旨を確認しましょう。こうしてまず共に検討していく心構えを共有するのです。

　イントロ（出だし）で心構えを共有できたら、次に具体的に聞いてい

きます。まず、改善アイデアが少ししか出ていない業務がないか確認しましょう。そしてその業務内容を詳細に聞きます。改善アイデア出しのフォロー活動は、考えてきたことを話すのではなく、業務の内容やその困ることなどを聞き、「どうしたらよいか一緒に考える」ことで改善アイデアを一緒に発見するのです。改善アイデアは自ら気付くことで充実感を持て、また実施意欲も湧きやすくなります。フォロー活動を通じて一緒に（2人同時に、または本人が主で）改善アイデアを発見していきましょう。この時、事前準備で「この辺に改善があるのではないか、こんな改善アイデアやヒントがあるのではないか」と推測しておくと、その部分を一緒に詳しく検討できます。そして、事前準備で漠然と気付いていたことも、その内容を掘り下げて考えることができ、具体的な改善アイデアとして一緒に気付くのです。

　改善アイデアの追加検討ができたら、次に改善アイデアは出ているが、今後「改善案として完成し実施していく上で不安な点」がないか聞きましょう。改善アイデアとして出ていても実施が難しかったり、改善効果の小さなものなどがあるからです。この時の注意点は、出ている改善アイデアの「良し悪し」を長々と議論しないことです。良し悪しではなく業務の実態を聞き、問題点を明確にすることが大切です。というのも改善アイデアに不安がある理由は、その前の問題点把握に自信のないケースが多いからです。問題点をしっかり把握できれば、どうすればよいかの改善アイデアもおのずと明らかになり、自信を持てるようになることが多いものです。

　フォロー活動で目標まで改善アイデアを見つけ出せていない場合には、何度でも取り組む必要があります。「他のメンバーの案から参考になる改善アイデアを探す」など、仲間として目標を達成するまで協力・応援する計画を立てましょう。何としても改善アイデアを見つけ出すとの覚悟が大切であり、そのことが共有できることで、知恵を出せるのです。

③フォロー活動の結果のまとめ

　フォロー活動の結果は、その日のうちに忘れないようにメモしましょう。どの業務にどんな改善アイデアが見つかったのか、改善アイデアの不安点についてどう具体化できたのか、などです。

　改善アイデアまで見つからずに問題点だけでも、気付いた例外だけでもメモしておくことで考えを整理することになり、新しい改善アイデアに気付きやすくなります。気が付かなくてもそのメモを見て、他の人にも相談しやすくなります。またメモしておくことで次回フォロー活動時に、一緒にさらなる検討をしやすくなるのです。

　三上（馬上、厠上、枕上）と言われるように、乗り物に乗った時、トイレ、また寝る前や目覚めた時（枕の上）などにアイデアに気付くことが多いものです。メモすること、それを何度も見返すことで記憶に残り、三上などで改善アイデアに気付くようになり得ます。

2 フォロー活動で改善アイデアが見つからない時の対応

　フォロー活動の事前準備を行い、フォロー活動で改善アイデアを考え、結果のまとめで考えても、目標まで改善アイデアを見つけられないこともあります。このために第3回ミーティングでも改善アイデア追加の検討を行います。しかし、ミーティングでみんなが成功感を持てるためにも、「目標達成へのめど」を持っておくことが大切です。

　ではこの追加アイデアの候補をどう探すとよいのでしょうか。以下は事務局の活動として説明していますが、もちろんメンバーと一緒に行うのも良い進め方になります。

①検討する対象業務を決め、考える焦点を明らかにする

　改善アイデアは何かのヒント（問題点や例外などの改善への手がかり）

から発見されることが多いです。そこで次回ミーティングで目標を達成するために、それまでにこのヒントを多く持っておくことが重要になります。そのためにはチーム全体の改善アイデアの出具合から、業務の所要時間が大きくて改善アイデアの出方が少ない、いわば「何としても改善アイデアを見つけたい業務」をまず決めることです（個人の場合も同様）。対象を絞り込んで、考える焦点を明らかにすることで、深く検討でき改善アイデアやそのヒントに気付きやすくなるのです。

②改善アイデアやそのヒントを探す

　対象が決まったら、当該業務や関連する業務の自己業務改善点検表を集め、目を皿にしてよく検討しましょう。1人ひとりの困っていること、問題点、改善アイデア、業務所要時間の違い、業務遂行方法の違いなどを見ながら、改善アイデアやそのヒント（問題点・例外なども含む）を探し出してメモします。改善アイデアまで見つからなくても、例外でも問題点だけでももちろんよく、メモは多いほどよいのです。

　改善アイデアやそのヒントが見つからない時には、基本業務の改善着眼ワークシートを使い例外を探したり、また管理業務の改善着眼ワークシートから「やめる、任せる、減らす、方法改善」の視点を検討し、専門業務の改善着眼ワークシートでも検討しましょう。ワークシートに照らし合わせることで、どんな小さなことでもよいので、気付いた改善アイデアやヒントをメモするのです。ワークシートでチェックしたり、ワークシートに書き込めば書き込むほど何らかの気付きが出てくるものです。

③メモを見て、何度も考える

　上記でメモができると、これを何度も見返しましょう。たとえば毎日、朝一番や終業直前などのように時間帯を決めて検討するのです。改善アイデアを発見するためには、その考えた時間の長さよりも、集中して何

回考えたか（頻度）が重要です。

　そして、メモを見て改善スタッフなどの親しいメンバーにも話してみましょう。人に話すことによって、自分の見方が変わったり、刺激が得られ、改善アイデアに気付くことが多々あります。上記①で当てはめたワークシートなどを見ながら話してみることも効果的です。相談された方も材料があると意見を言いやすいものです。メモを振り返り、また相談することで、考える頻度と刺激を自分にどんどん与えるのです。

　目標まで改善アイデアを見つけるには、自己業務改善点検表を何度も見て、ワークシートを活用して考えることを強制して改善アイデアを考え、これを繰り返し、何としても改善アイデアを発見すべく努力することです。そして、この目標をやり遂げる姿勢が、みんなに伝わることで改善アイデアが見つかるのです。

Q&**A** 疑問・質問とその考え方

　「なぜ目標必達でないといけないのか」と疑問に思ったり、フォロー活動時に質問として出ることがあります。また、改善アイデアを見つけるのが難しいために疑問や質問の形になっていることもあります。これらに対しては、改善の考え方をしっかりと共通認識しておかないと、「改善できなくてもやむを得ない」などの心の迷いが広がっては取り返しがつかなくなりかねません。

Q1 なぜ目標必達なのか。29% も 30% も同じでないか。それこそ手間が大きいだけではないか

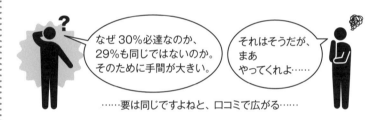

なぜ 30% 必達なのか、29% も同じではないのか。そのために手間が大きい。

それはそうだが、まあやってくれよ……

……要は同じですよねと、口コミで広がる……

　この 1% の違いが「改善成功の鍵」です。もし「それはそうだ」「大きい差は困るが 1% くらいなら」と妥協すると、それが心の甘えになったり、他のメンバーにも伝わって後で取り返しのつかないこと（目標未達）になりかねません。

● ● ●

　A たとえば車の安全性は 99% でよいのでしょうか。事故は 1 件でも起こすわけにはいきません。医者の手術ももちろんそうです。1% はとても大切なのです。

　しかし「改善ならよいではないか」「元々、時間は思い出して書く精度なのだから」との見方もあります。しかしここで妥協してはいけません。というのも改善で一番大切なのは、「改善マインド（改

善意識)」です。改善マインドが組織にあれば常に改善が進んでいくのです。そしてこの「改善マインド」の骨格になるのが、「改善は無限」との信念です。改善が無限とは、「改善の知恵を目標まで出せる」ことへの、「できる」という自分への、自分たちの組織への、信頼なのです。つまり改善マインドで大切な点は、「改善の知恵を出す」ことへの自信・あくなき挑戦魂であり、「改善マインド」を重視することが「目標に固執する」ことなのです。

　こうした「目標をやり遂げる体質」をより強くしていくことが大切です。そしてそれは、自分の「目標をやり遂げる」強さ、「やり遂げた達成感を味わう」喜びでもあるのです。

　知恵を絞り出すときには、ほんの少しでも心の中に甘えの気持ちがあると、後々知恵が出なくなる点をよく話し合い、改善活動を通じて組織を、自分を強くしていきましょう。

Q2　お金を使わないと無理だ。この時代、ICT 化に決まっているではないか

お金を使わないと無理だ。この時代、ICT 化に決まっているではないか

そのとおりだが、ICT 化以外も考えてくれ……

……やはり ICT 化は重要だ、ICT 化でよい……

「今や ICT 化だ」と言われると、なかなか否定しにくいものです。しかし抽象的な ICT 化の提案では、とても情報システム部門でやってもらえません。どうしたらよいでしょうか。

• • • •

　A　「ICT 化なら効率化できる」ということに間違いはないとしても、大切なのは「採算性」です。ビジネス社会において、採算性

の認識がなければ生きていけません。そこで ICT 化案の効果時間をまず明確にし、これと比べて開発費用（手間）が大き過ぎないか確認する必要があります。もし内容を詳しく考えないで単に ICT 化と言っている場合には、費用と成果（効果時間）の比較ができるように内容を具体化しなければなりません。そして「開発費用に比べて効果時間が小さい」場合には、ICT 化以外の改善アイデアを探すのです（効果時間の方が大きければ採用）。

　ICT 化という漠然とした発想にとどまってはならず、それを具体的にし、実現性を検討することが重要である旨をよく話し合いましょう。改善は提案ではなく、実践なのです。そして費用以上の成果を出すものです。

4章
改善案まとめ

　4章は、改善アイデアを正式な改善案として所定のシートに記述する「改善案のまとめ」です。このステップができれば改善案の完成であり、いよいよ業務改善の改善案立案の目標達成です。

　これまで発見した改善アイデアについて、その内容を確認して改善案として完成させ、みんなで目標達成の充実感を味わいましょう。

1 第3回「改善案まとめ」ミーティングの準備

1 第3回「改善案まとめ」ミーティングの準備物と時間計画

　自分たち自身の力で発見した改善アイデアを「改善案」としてまとめ、完成させていきます。そして改善案立案の目標を達成したことを確認するのです。この改善案立案の完成ステップが「改善案まとめ」です。まず第3回ミーティングの概要から見ていきましょう。

①「改善案まとめ」ミーティングの概要

　「改善案まとめ」ミーティングは、図表4-1のように、改善案シートへの記述とグループディスカッションの2つの部分からなります。

図表 4-1　「改善案まとめ」ミーティングの概要

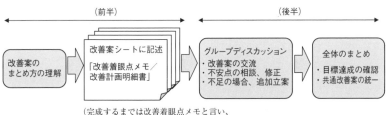

（完成するまでは改善着眼点メモと言い、
　点検して完成後、改善計画明細書と言う）

　スタートは改善案のまとめ方の理解です。そして、みんなが自分の改善アイデアを改善案シートに記述します。この詳細は次節で説明します。

　改善案をまとめ終わったら（時間内での完成が難しい場合には区切って実習し、残りを日常の中で完成させます）、業務の類似した小グループでディスカッションを行います。ここでのポイントは、1人ひとりが

記述した改善案のうち「不安なもの」について、みんなで知恵を出し合い、自信の持てる改善案にすることです。もちろん改善案立案の目標に達していない場合には改善案の追加を優先します。

　小グループでのディスカッションが終わると、全体のまとめとしてチームみんなで改善案立案の目標を達成できたか、できそうか（実習時間不足の時）確認します。ここでも不安なものがあれば相談します。そして改善案立案の目標に達していない場合には、みんなで追加案を探すディスカッションを行います。なお業務が共通しているものなどについては、「共通改善案」として統一します。

　何よりもみんなが参加した活動の目標を達成することが重要です。改善案の記述が時間不足などでミーティング時に完了しない場合にも（残りは日常の中で完成させます）、完成すれば改善案立案の目標を達成できそうな予感を持ち、明るい雰囲気で第3回「改善案まとめ」ミーティングを終えることが重要です。そのためにも準備が大切になります。

②第3回「改善案まとめ」ミーティングの準備物

　第3回ミーティングは「改善案のまとめ」であり、「改善案立案の目標を達成できたか、できそうか（ミーティングの場では時間不足の場合）」がわかるため、大変重要です。そこで、事前ヒヤリング（第2回ミーティングのフォロー活動）で目標未達になりそうな人を応援しておくことが重要になります。同時に第3回ミーティングをスムーズなものにし、みんなが集中して「改善案まとめ」に取り組めるように準備しておくことも大切です。

　第3回ミーティングの準備物は次の通りです。

＜「推進計画書」関連＞

ⅰ）これまでの経過……推進計画書はみんなに持参してもらいますが、要点（目的、目標、推進方針など）をまとめた「これまでの経過」資料を準備し、目標達成に向けて「これまでのことを思い出す」資料とします（付録参照）。

＜「改善案まとめ」関連＞

ⅱ）改善案シート（「改善着眼点メモ／改善計画明細書」）の用紙……付録のフォーマット。

ⅲ）同上の記述要領および改善案のルール……付録参照。

ⅳ）同上の記述例……チームリーダーや改善スタッフの例を記述例として準備します（記述の説明に使いやすい数例でも可）。

ⅴ）共通改善案の候補……チームリーダーと改善スタッフの改善案の中から共通改善案になるものについて整理しておきます。

＜次回予定＞

ⅵ）日程表……次回までの予定を準備します（状況により口頭可）。

③進め方の時間計画

具体的な進め方は次節で詳しく説明しますが、代表的な手順と時間計画の例は図表 4-2 の通りです。

ⅰ）これまでの経過……………………………10 〜 15 分程度
　　（ 目的、目標、推進方針、経過のポイントを思い出す）
ⅱ）改善案のまとめ方（ テキスト）と事例……45 〜 60 分程度
　　（ 個人での改善案記述実習を含む）

〜 休憩〜

ⅲ）「改善案まとめ」 の実習………………………2 〜 3 時間程度
　　（ 改善案シートへの記述、グループディスカッション）

〜途中休憩を含む〜

ⅳ）全員でのディスカッション…………………1 〜 2 時間程度
ⅴ）まとめ、今後の予定…………………………5 〜 10 分程度

　ポイントは改善案まとめの要領をしっかりとマスターすることです。また記述した改善案を見せ合うなど、みんなが協力し合ってスピーディーに改善案を記述していくことが大切です。
　そしてディスカッションを明るく前向きに行い、改善案が少ない人を応援し、みんなが「目標達成できる」という予感を持てるように運営することが大切です。

2 第3回「改善案まとめ」ミーティングの実践

1 これまでの振り返りと状況の相互理解

　第3回ミーティングは、まずこれまでの経過を振り返り、今回の活動の重要性を確認して、「さあ、やろう」との気持ちを思い出すことがスタートです（付録参照）。そして前回の「改善アイデア出し」の要点を思い出し、数多くの改善着眼があったことを確認しましょう。

　また第2回ミーティング後も努力し、すでに多くの人が目標達成もしくはその寸前まで改善アイデアを発見できているのです。一部目標に達していない場合にも、今回の第3回ミーティングの中で、みんなで相談し合って追加立案していきます。そして改善案を記述できれば、それをみんなが参考にし合って、さらに改善アイデアを見つけられます。

　すでに改善案立案の目標達成がすぐそこまで来ており、今回がその完成になるのであって、みんながラクになるための改善目標を何としても達成することを確認しましょう。

2 「改善案まとめ」の意義とワークシート（改善案シート）の記述要領

　「改善案まとめ」はこれまでに発見した改善アイデアを正式な改善案として完成するものであり、大変重要です。

① 「改善案まとめ」の意義
　1人ひとりが考えた改善アイデアを、良い（有効で実施できる）内容の改善案にして完成させます（目標は必達）。改善案まとめの意義を要

図表 4-3 改善案まとめの意義

(1) 改善アイデアを改善案として完成する

①改善アイデアを有効で実施できる改善案としてまとめる。
②不安な点を点検し、手入れする。
③共通のものは統一する。

(2) 目標達成を確認し、実施に備える

①改善アイデア段階ではなく、改善案として目標達成を確認する。
②改善案としてまとめることで、先々の実施に役立てる。

約すると図表 4-3 になります。

　これまでの改善アイデアを所定の改善案シート（図表 4-4）にまとめます。このシートは「改善着眼点メモ／改善計画明細書」と言い、いずれか一方の名称を消すようになっています（メモ段階のものを点検・修正して完成したものが改善計画明細書になります）。このシートに記述することで改善案として完成させるのです。そして「完成した改善案」により、目標を達成できているか確認し、実施に備えます。

②改善案シート（「改善着眼点メモ／改善計画明細書」）と記述イメージ

　改善案をまとめるシートと、その記述したイメージは図表 4-4 を見てください。

　改善案は図表 4-4＜悪い例＞の「会議が長い」というような書き方ではなく、＜良い例＞のように記述する必要があります。つまり問題点は、なるほどと納得できるよう（的確、具体的）に記述し、その問題点を受けた改善内容は、問題点を解決して（有効性）、実施できることがわかる（実現性）ように書く必要があります。＜悪い例＞のように「会議を効率化する」では、何を変えるのかが不明で、有効かどうか判断できません。また実現性も判断できません（良い例のような書き方は159 ページ以降の＜▶ポイント＞を参照してください）。

図表 4-4　改善案シートと記述イメージ

改善着眼点メモ／改善計画明細書

業務名	改善テーマ	問題点	改善内容	改善効果		実施担当	実施時期
				現状時間	改善時間		
課内会議	課内会議の簡素化 ＜悪い例＞ ＜良い例＞	会議が長い ⬇ 課内会議は、課のスムーズな運営のために全員で毎週2時間開催されるが、重要な案件のないときも2時間かけているので、雑談となっていることが半分程度ある。	会議を効率化する A案)2週間に一度とする。（重要なときは臨時開催） B案)重要な案件のない場合は30分で終えることとする。	100H	50H	○○	○月前半

（フォーマットは秋月隆男著『業務改善の基礎テキスト』日本能率協会マネジメントセンター、1996年より引用し一部変更）

③改善案の記述要領

改善案シートへの改善案の記述要領は、図表 4-5 のようになります。

図表 4-5　改善案の記述要領

改善着眼点メモ／改善計画明細書

業務名	改善テーマ	問題点	改善内容	改善効果		実施担当	実施時期
				現状時間	改善時間		
課内会議	課内会議の簡素化	課内会議は、課のスムーズな運営のために全員で毎週2時間開催されるが、重要な案件のないときも2時間かけているので、雑談となっていることが半分程度ある。	A案)2週間に一度とする。（重要なときは臨時開催） B案)重要な案件のない場合は30分で終えることとする。	100H	50H	○○	○月前半

- ・改善アイデアに対応する業務について業務体系表の名前を記述する。
- ・改善案が小分類単位でない場合には、中分類名などになる。

- ・改善案の内容を一言で要約する。
- ・後々、改善案の名前として便利に使えるようにするためにつける。

- ・「現状がなぜ改善を要するのか」について記述する。
- ・現状がどうなっているかを書き、また問題となる理由を記述する。そして、結果としてどういうデメリットが発生しているのかを記述する。
- ・「○○は○○となっているが、△△なので、□□となっている」のように記述すると書きやすい。

- ・問題点を解消する対策を記述する。
- ・何を今と変えるのかがわかるように書く。
- ・「問題点だから改善内容」と続けて読んで納得感のあるものにする。
- ・1つの問題点に対して改善内容が2つ以上になる場合には推薦する案を(A)案として主に記述し、次善の案については(B)案と区別して記述する。

- ・自己業務改善点検表に記述した業務の所要時間を記述する。
- ・改善によって「減る時間」を記述する。
- ・改善時間がどのくらいになるか判断に迷う場合には、改善内容が具体的になっているか点検し、具体化する。

- ・改善案を実施する担当者名を記述する。（5章で記述する）

- ・実施完了予定の時期を記述する。（半月単位）（5章で記述する）

158

記述のポイントは、問題点と改善内容です。問題点が的確に把握（記述）できていなければ改善内容を誤る危惧があり、改善内容によって問題点を解決する有効な案か、また実現できる案かがわかるからです。この問題点と改善内容の記述についての詳細は、以下の＜▶ポイント＞を参照してください。

▶ポイント　問題点の記述の仕方

　改善案の記述では、問題点によって改善内容が決まってくるため、元になる問題点の的確な把握が重要になります。そして問題点をシートにまとめることで、その過程を通じて、問題点が「具体的で的確に把握できたか」確認するのです。また文章にできたものを振り返って、再度、問題点把握の的確さを点検します。

①的確な内容かわかる具体的な問題点の記述（把握）

　問題点の記述（把握）は、その内容が的を射たもの（的確）でなければなりませんが、的確かどうかわかるには「具体的」に記述する必要があります。たとえば図表4-4＜悪い例＞の「会議が長い」という記述では、どのくらい長いのか不明ですし、長い理由がわからなければ、長いという印象であり問題なのかどうかさえもわかりません。つまり、問題点が的確に把握されておらず、改善案レベルの問題点把握になっていません。もちろん人にも伝わりません。

　問題点の具体的な記述とは、図表4─4＜良い例＞のようであり、このくらい記述してあると、問題点として的確なのかどうかよくわかります。この例を見ると、まず現状が「課内会議、スムーズな運営のため、毎週、全員、2時間」とわかります。そして「重要な案件がないときも2時間かけているので」と問題となる理由がわかります。さらに「雑談となっていることが半分程度ある」とデメリットがわかるように書かれています。

　つまり問題点は「現状」「問題となる理由」「デメリット」の3点を記述することがポイントになります。問題とは「あるべ

き姿と現状とのギャップ」であり、現状を示さないと問題点を具体的に表現できないし、またあるべき姿とのギャップをデメリットとして示すことで問題点を表現できます。そして、問題となる理由がわかることで納得できるのです。これが的確な内容かわかる具体的なレベルの問題点記述になります。

②具体的に記述するための文のパターンと記述例

「理屈はその通りとしても、難しくてうまく書けない」のが難点でした。どうしたら「問題点が的確か」わかる具体的レベルで書けるのかについて長い間悩んできたのですが、発見したうまい方法があります。何と便利な「文のパターン」がわかったのです。それが図表 4-6 の「問題点記述の文のパターン」です。

図表 4-6　問題点記述の文のパターン

つまり、「○○が○○であるが」で現状を記述し、「○○なので」で理由を書き、「○○となっている」とデメリットを記述するのです。この文のパターンで書くと、問題点記述の 3 つのポイントを書きやすいのです。どう書くのかと悩むことなく、簡単に書けます。

さらに図表 4-7 に業務改善でよく出てくるケースについて例を示しました。この例を参考にして（まねて）どんどん書くことで、すぐに文のパターンにも慣れて、問題点の書き方をマスターできます。

悪い例：○○のミスがある。
良い例：○○書類については本人が直接記入するが、
　　　　○○部分の記入例がないので、
　　　　○○のミスが毎月○件発生している。

悪い例：○○が機械化されていない。
良い例：○○業務の○部分は毎日○件発生している。
　　　　内容的には○と○の計算部分が多いが電卓で行っているので、
　　　　毎日○時間を要している。

悪い例：チェックが重複している。
良い例：毎週作成する○○文書は、課内の打ち合わせ用である。
　　　　外部の人が見ることはないが、主任と担当の２人が点検しているので、
　　　　二重に○時間かかっている。

悪い例：○○関係の資料がない。
良い例：○○関係の資料については毎週参考にしたいことが出るが、
　　　　過去の事例がファイルに入っていないことが多いので（半分くらい）、
　　　　参考にする際には当該資料をいろいろな人に聞いて探している。

悪い例：○○部門がやってくれない。
良い例：○○業務の○○作業は○○部門の○作業とつながっている。
　　　　２つは同時に行うのが早いが、分離して行っているので、
　　　　○時間も多くかかっている。

③対策の裏返しにしない

　問題点記述の注意点として次に多いのが「対策の裏返し」表現です。たとえば「機械化されていない」などのように書くと、その対策は「機械化」しか思い浮かばなくなります（図表 4-7 の２番目の例を参照）。対策から改善案に気付くこともありますが、問題点の表現に注意することで、多面的に対策を考えることができます。

④他責（他の責任）にしない

　さらに注意すべき点は「他の責任（他責）」にしないことです。たとえば「天候が悪いから売上が上がらない」と問題点をとらえてもこれには対策を打てません。そうではなくて「天候を事前に予測して○○していない」のように自分のこと（自責）として問題点をとらえる必要があります。同様に「他部門や他の人がやってくれない」という表現も同じです（図表 4-7 の５番目の例を参照）。

（③対策の裏返し、④他責については日本能率協会コンサルティングの研修テキストを参考にしている）

　改善案（問題点＋改善内容）は、有効で実現できなければなりません。問題点が的確に記述できていれば、改善内容はその問題点を解決でき（有効性）、実施できる（実現性）ことがわかるように記述できればよいのです（注：当該問題点を解決することに有効であれば、問題点把握が的確であることを条件に改善案全体が有効と言えます）。

① 「有効か」わかる記述の仕方

　改善内容が「有効か（問題点を解決するか）」わかるためには、現状から「何をどう変えるのか」がわかる必要があります。図表 4-4 ＜悪い例＞のように「会議を効率化する」では、何を変えるのか不明です。「2 週間に一度とする（重要なときは臨時開催）」「重要な案件のない場合は 30 分で終える」などのように、変える内容がわかるように記述する必要があります。

　つまり「何をどう変えるのか」がわかると、それによって問題点の「デメリットを解消できるか」もわかるので、有効かどうかがわかるのです。そしてデメリットを解消できるかどうかがわかるためには、「問題点だから改善内容」と続けて何度も読んでみることがポイントになります。何度も続けて読むとつながりがわかりやすく、デメリットを解消できるかどうかがわかるものです。もしわかりにくい場合には改善内容の具体性が不足していると考えられます。

　なお、デメリット解消の程度もわかる必要がありますが、この点については改善効果時間の予測が読む人によって差が出ないよう（客観的）に書けているかどうかが判断の基準になります。

　「問題点だから改善内容」と「改善効果時間予測の客観性」を基準にして適切に記述できたか点検してください。常にこの振り返りを行うことで改善内容の記述力を付けることができます。

② 「実現できるか」わかる記述の仕方

　実現できるかどうかについては、「実施に難しい点があるかど

うか」がわかり、その「難しい点を克服できるか」どうかがわかればよいことになります。有効性のところで説明した「何をどう変えるのか」がわかれば、実施に難しい点があるかどうかもわかります。もしわからなければ、さらに「変えることの詳細内容」を記述する必要があります。そして実施が難しいと思われることに対しては、その対策を記述します。

　なお、改善内容は実施するために記述するのであり、不安のある点（不安点）など実施が難しいと思われる点に目をつぶらず、積極的に記述することが大切です。問題点をしっかりと記述できていれば、「問題点を解決して良くしていくこと」に賛成してもらえるはずです。

　改善内容は問題点により異なるため、文のパターン化は難しいのですが、記述が抽象的になりやすい（有効性、実現性がわかりにくい）ものを図表4-8に例示しておきますので、参考にして記述力向上に役立ててください。

図表4-8　改善内容が抽象的になりやすいものとその具体的な記述例

わかりにくい例　：マニュアルをつくる。
わかりやすい例　：○○部分について、新人の担当者が見ながら業務遂行できるように、記入例とその注意点を実際のフォーマットに書き込んだマニュアルをつくる。

わかりにくい例　：ファイルを整備する。資料を整備する。
わかりやすい例　：○○業務の△△関連資料について以下のように整備する。
　　　　　　　　　（1）△△関連資料について最近5年間分を収集する（パソコン内に取り込む）。
　　　　　　　　　（2）それらについて検索しやすいように全資料にキーワードを設定する。
　　　　　　　　　（3）よく使うものについて項目別にまとめ、一覧でわかるようにする。

わかりにくい例　：○○について学ぶ。
わかりやすい例　：○○業務に関連し、ベテランが講師になって次の項目の勉強会を開催する。
　　　　　　　　　（1）○○の概要　2時間　担当○○
　　　　　　　　　（2）△△の方法　4時間　担当○○、△△
　　　　　　　　　（3）□□の技術　2時間　担当□□
　　　　　　　　　（4）☆☆の知識　2時間　担当○○
　　　　　　　　　⇒これにより新人が○○さんレベルになる。

わかりにくい例　：期日を守ってもらう。
わかりやすい例　：○部門の人に□□資料の提出について、毎回期日前から注意喚起し期日を守ってもらう。
　　　　　　　　　・現時点で守っていない人には、期日1週間前から毎日メールし、重要性を伝える。
　　　　　　　　　・それでも提出してもらえないときは、最終日にはできるまでその場で待っている（提出してくれるまで、相手のデスク近くで待っている）。

わかりにくい例　：情報システム化する。
わかりやすい例　：○○業務の△△計算部分について、□□資料を基に△△部分を自動計算する。
　　　　　　　　　・インプット：□□資料（○部門からエクセルデータでもらう）
　　　　　　　　　・アウトプット：☆☆資料

3 改善案のルール

　単に他部署に業務を移すだけでは、自分のところで時間が減っても他の部署で増えるので、改善案とは言えません。このようなことがないように、いわば「改善案のルール」とも言うべき点を確認しておく必要があります。以下の点に注意してください。

①業務を移管する案

　他の人や他部署に業務を移管する改善案は、相手先で行うことにより自分のところで行うよりも「短時間になる時間分」のみが改善効果時間です。相手に移る（相手に残る）時間は改善効果時間ではありません。

②派遣者や外注業者に出す案

　派遣者や外注業者などに業務を出す改善案は、相手の業務を改善するなどの手を打ち新しい追加費用が発生しないものなら、改善案になります。新しく費用が発生するものは、業務を移管するのと同じであり改善案になりません。人件費の差額を改善効果とする考え方もあり得るのですが、これでは業務のあり方が良くならないので、多くのケース（会社）では改善案として認められません。

③「短時間でできるはず」との案

「もっと短い時間でできるはず」というものは改善案ではありません。これは労働強化になります。その業務に慣れておらず習熟すれば短時間でできるというものは、習熟を早める方法が立案された場合における「慣れるまでの期間短縮分」が改善効果になります。

　なお、業務のピークオフや分担などのために「手待ち」になっている場合、そのピークを平準化したり分担変更などの案を具体的に設計でき

た場合には改善案となり得ます。

④業務が自然に減少する案

　今年度だけの特殊な業務であり、今後は発生しない業務があり得ます。これは改善というよりも業務量の変動です。したがって改善案ではなく、業務の「自然減」として扱います。自然減があると「自然増」もあるからです（なお、都度設計する専門業務は部署本来の業務であり、ここでの自然減とは異なります。また、特殊な自然減のものは改善対象の分母から除外するケースもあります）。

⑤費用がかかる案

　改善案の実施に際し、そのための投入時間以外に費用の発生するものがあります。何かの機械を購入するとかソフトを購入するなどの改善案です。これらについては会社の投資採算基準に則ることになりますが、費用以上の成果（効果時間）が条件になります。情報システム化の改善案についても考え方は同じで、開発にかかる費用（情報システム部門の開発工数などの費用）よりも効果（成果）が大きいことが条件になります。費用対効果の基準については各社の情報システム開発要領などに基づきます。

4 記述実習の進め方

　改善案のまとめ方のイメージがわかり、記述要領がわかったら、さっそく記述の実習を行っていきましょう。

①個人実習を通じた改善案記述要領の理解

　各自、自分の改善アイデアの中から 1 ～ 2 つを選び、これを改善案

記述要領にしたがって記述しましょう。隣の人と相談しながらでもよいので、まずは記述してみることが大切です。そしてこの実習を通じて書く上での疑問点をなくします。

　この場合、事務局（チームリーダー、改善スタッフ）から1人ひとりに記述の仕方に疑問点がないか確認することも大切です。個人別に聞くことで、全体の場では聞けなかった質問や悩みが結構出るからです。

②小グループによる記述実習

　①で記述の仕方がわかると、改善案が類似していると思われる（業務が近い）小グループに分かれて、実際に改善アイデアを改善案シートにまとめていきます。類似した改善案を見ると記述しやすいので、どんどん見せ合いながら記述しましょう。

　もちろん同じ改善アイデアがあれば、分担しましょう。また類似した改善アイデアの場合にも、記述を分担し、記述したものを交換し合って、それを参考にして自分の改善アイデアをまとめるようにするとスピードが上がります。改善アイデアを出すのは個別が良いのですが、記述はどんどんまねてスピーディーに行いましょう。たとえ改善アイデアは違っていても、他の人の書いたものを見ると「こう書けばよいのか」と参考になるので、見せ合って記述するのが良いのです。

　改善案の記述は実習時に完成するのが理想ですが、現実には実習時間の関係から、最後まで仕上げるのが難しいケースもあります。その場合には、ある程度まで書けたら、次のグループディスカッションに移っていきます。

5 小グループによるディスカッション方式での相談

　改善アイデアを改善案としてシートにまとめることができれば、次に小グループでのディスカッションによって改善案を確認していきます。もちろん改善案立案目標の達成が優先ですから、目標未達のメンバーがいる場合には検討時間を多く取って改善アイデア出しを応援します。以下の流れで進めましょう（1人ひとり順に検討）。

①改善案の立案状況の確認
　まず改善案が何件あり、改善率が何パーセント出ているか、今後改善案作成を完了すれば目標を達成できそうかどうかを、1人ひとりに状況報告してもらいましょう。そして目標％を達成できそうなケースと、目標未達のケースにより、検討は②と③に分けて進めます。

②不安点の相談（目標を達成できそうな場合）
　目標を達成できそうな場合には（すべての記述はできていないが今後記述すれば目標達成できそう）、着眼のユニークなものなど、みんなの参考になりそうな改善案を数点紹介してもらいましょう。お互いに参考にし合うのです。その後、立案した改善案の中で不安のあるものについて改善案シートで内容を説明し、相談しましょう。聞く側のメンバーは自分のこととして聞き、積極的にアドバイスします。みんなでチームの業務をより良くするのであり、批判厳禁でアドバイスし合うように進めましょう。

③改善案の追加立案（目標未達の場合）
　改善案立案目標に未達の場合には、改善案紹介の余裕がありません。所要時間が大きいにもかかわらず改善案の見つかっていない業務につい

て、自己業務改善点検表で業務の内容を説明します。メンバーは自分の改善案や3章の改善着眼ワークシートなどを参考にして、少しでも気付いた「改善アイデアやそのヒント」をアドバイスします。また類似業務がある場合、その業務に立案できている改善案を紹介し、追加案を検討しましょう。みんなで協力し合って目標を達成するまで改善アイデアを出し合うのです。改善案立案目標はチームとして達成できればよいのですが、1人ひとりも目標を達成できると充実感が得られ、チームにも活気が出てきます。

④全員分の改善効果時間の集計

　一通り検討が終わったら、忘れないうちに気付いた追加案を改善案シートにまとめ、また不安点について必要な修正を行いましょう。そしてみんなの改善効果時間を集計し、改善案記述を完了できれば、目標を達成できそうなことを確認します。もしこの時点でも目標達成が難しそうな場合には、今後さらに追加立案するための応援の仕方などを話し合いましょう。

　なお、今回の実習で改善案シートの記述が終わっていない分は、次回ミーティングまでに完成することが宿題になります（次回ミーティングでみんなが完成したものを報告します）。

6チーム全体でのディスカッション

　小グループでのディスカッションが終了したら、チーム全体での検討に移ります。進め方は次の通りです（人数が少なく小グループ不要の時は②、③のみ）。

①全体状況の共通認識とアドバイス

まず、小グループから全体の改善案立案状況（目標達成の見通し）を報告してもらいます。改善案のまとめを完了できていないケースもありますが、今後の記述完了を想定した場合の予測でよいので報告してもらいます。なお、業務改善活動はチームみんなで活動すると決めたものであり、報告は前向きな姿勢で行いましょう。

　もし目標達成のめどがまだ立っていないメンバーがいる場合には、司会者がみんなからアドバイスを求めるように進行していきます。つまり、類似した業務を遂行しているメンバーに再度、参考になるヒントがないかを聞き、他のグループのメンバーにも参考になりそうな視点などのヒントがないか聞いて、少しでもアドバイスしてもらうのです。その場では改善案のヒントに気付かない場合にも、後日みんなの改善案シートを集めて参考になるものを探すなどの協力・応援によって、目標を達成するまで改善案を見つけられることを確認しましょう。また共通する業務についての改善効果時間の上乗せも可能です（次項参照）。このようにして目標を達成するまでチームみんなで協力・応援し合っていくことを合意しましょう。

②共通改善案のまとめ

　チームの運営会議などのように、みんなに同じ業務があります。これらの改善案は統一する必要があります。そこでこれらの改善案を話し合って、もっとも良い案にまとめていくのです。これを共通改善案といいます。また共通改善案には、同じ業務ではないが「会議は案内時に議題ごとの時間を明示する」のように改善内容を他の人にも統一して適用していくものもあります（この場合、既に実施している人もいたり、改善効果時間には個人差が出ます）。

　これら共通改善案をまとめるには、みんなから共通改善案に該当すると思われる改善案を出してもらい、検討していきます。件数が多い場合

にはその場でまとめることが難しいため、今後まとめていく担当を決めます。また事前に想定して準備していたものがある場合には、その内容を紹介し、話し合って決めましょう。

　なお、当日（後日になることもあるが）、共通改善案の内容が完成したものについては、その内容をみんなが理解し、改善効果時間を統一します。「議題ごとの時間明示」などのような改善内容を統一して適用するものは、メンバーにより適用度合が異なるため注意しましょう。共通改善案はもっとも良い案を採用するため、改善効果時間は「改善案まとめ」ミーティングのスタート時よりも増えることが多いものです。

　なお、全社共通の業務については、その業務を主管する部署に検討を依頼することになるため、自チームだけでなく全社的なメリットを伝えていくことが大切になります。

③全体のまとめと今後の予定

　全体のまとめとして、今回の「改善案まとめ」ステップが大きな区切りになることを確認しましょう。業務改善は改善案がまとまれば成功したも同然ですが、今回の検討で「ほぼ目標を達成するところまでできた」のです。それはこれまでのみんなの努力のおかげであり、少なくとも「現時点でも既に大きな改善効果時間が見つけられている」ことは事実であり、素晴らしい成果を上げつつある（今回のミーティングの後、持ち帰って残りをまとめることで業務改善の立案目標を達成できる）ことを確認するのです。そして完成のためにみんなが協力し合って、不安のある改善案の手入れや目標達成に向けた改善案の上積みを行っていくことを合意しましょう。

Q&A 疑問・質問とその考え方

「改善案まとめ」ミーティングにおける小グループでの検討やチーム全体でのディスカッション時に疑問や質問が出ることがあります。改善案の検討は前向きに取り組むことが大切であり、対応は重要です。

Q1 でっち上げても意味がない。そんなに効果は出ないのではないか。もう改善は難しいのでは？

追加改善アイデアを探す時に、目標を達成したいとの思いから効果を過剰に考えてしまうことがたまにあります。このようなケースで効果をでっち上げているのではといった質問や意見が出ると、その通りと思って「シュン」としてしまい、改善アイデア出しに元気がなくなりかねません。

・　・　・

A ここで注意してほしいのは、目標未達時の追加検討は改善アイデアを出しているのであり、改善案の有効性と実現性は後でしっかり検討する点です。まず改善アイデアを多く出し、後で確認して改善案に仕上げていくのです。改善案はアイデア段階でなく、まとめまでできた時点で改善効果時間を記述するのです。このように、今、何を行っているのかということを話し合うことが大切です。「でっち上げている」のではなく、後で「適切に見積もる」のであり、元気に改善アイデアを追加するために仮に効果を予想しているだけ

であって、再度きちんと効果を見積もっていくことを確認しましょう。

　注意すべきは、でっち上げになるから「改善の検討はもう無理だ」というニュアンスが含まれている意見が出るケースがあることです。目標達成は無理という気持ちであり、このニュアンスがあるときには、これを払しょくしておかなければなりません。「改善は無限」との信念が大切であり、全員で知恵を結集すれば必ず改善案を発見できるのです。その時点のわずか一度の検討であり、しかも少し改善アイデアが不足しているだけであって、今後多くの知恵を集めて検討していくと必ず目標を達成できることをみんなで確認しましょう。

Q2 他部署がやってくれないのではないか。実施は無理なのでは？

　これは改善案の先々の実施についての心配です。業務移管などの案は他部署がやってくれなければ当然ながら改善できないので、この質問もやっかいです。

・　・　・　・

　A 業務移管などの調整が必要となる改善案は、相手にもメリットがあるかどうかが重要なポイントです。そこで相手のメリットを明らかにすることが大切です。また改善案の実施によって会社全体としてどういうメリットがあるのかという視点も大切です。会社全

体として大きなメリットがあるなら、それは全社的な立場から判断して実施されることになるからです。

　調整の必要なものは、相手部署や全社的なメリットを明らかにし、メリットの大きいことがわかったら、改善案として成立することを確認しましょう（5章2節6「詳細実施計画づくり（ⅳ）〜調整を円滑に進める準備」も参考にしてください）。

3 第3回「改善案まとめ」ミーティング後のフォロー活動

1 改善案完成へ向けた「改善案まとめ」のフォロー活動

「改善案まとめ」ミーティング後にフォロー活動を行うことが大切です。改善案まとめミーティングでムードが盛り上がっても、実際に残りの改善アイデアをシートに書くには、慣れていずに記述が止まってしまったり、文章作成の苦手な人もいるからです。この改善案のまとめが完成すれば、改善活動の最大の山場を乗り切れるのであり、正念場とも言えます。なお、このフォロー活動については業務の類似したメンバーを同時に行うこともあります。

①フォロー活動で行うのは改善案記述の協力・応援

フォロー活動の目的は改善案を完成することです。それは進捗をチェックすることではなく、改善案のまとめを協力・応援するのです。まず改善案まとめミーティングでの協力のお礼を伝え、1人ひとりが改善案をシートに順調に記述できているかヒヤリングします。次回ミーティング時にチームとして「目標達成を確認したい」のであり、それまでにみんなが改善案のまとめを完成しておく必要があるからです。記述が遅れているとか、書くのに悩んでいる点などがあれば状況を聞きます。そして、どのような協力・応援の方法があるのか検討しましょう。

記述が遅れている場合や書くのに悩んでいる場合に役立つのは、「他のメンバーの類似改善案を見る」ことです。まねて書くとスピードが上がり、似た例があると書きやすいのです。類似のものを探しましょう。また記述が抽象的になっているものについても、詳しく書けているものを紹介し、具体化しやすくしましょう。

そして改善案まとめの結果、改善効果時間がどの程度になりそうか、確認します。目標はチーム全体で達成するのですが、1人ひとりも目標を達成していると充実感が得られるからです。かといって効果を過剰に計上してはなりません。みんなの実際の気持ちをごまかすようなことは活動全体を否定することになります。改善効果時間を適切なものにした上で、改善案の交流などを行いみんなが協力し合って目標を達成していくのです。

②目標未達メンバーへの協力・応援

　フォロー活動を進めていくと、目標未達のメンバーが出てくることもあります。当初は達成していると思えても、いざ改善案シートに記述してみると改善効果時間がそれほど大きくないことがあるのです。もちろんチーム全体で目標を達成すればよいのですが、全体で目標を達成するためには、1人ひとりが目標を達成するか、限りなく目標に近いところまで改善案を立案する必要があることを話し合い、追加の改善アイデアを一緒に探しましょう。

　具体的には自己業務改善点検表に基づいて、所要時間が大きいにもかかわらず改善効果時間の少ない業務について、その内容をヒヤリングします。業務の詳細を理解し、他のメンバーの改善案の中からヒントになるものを探すのです。参考になる改善案を紹介しますが、それが見つからなくても業務の詳細を聞きながら改善アイデアを一緒に考え、今後もみんなの改善案の中から参考になるものがないか探すことを伝えましょう。

　フォローの場ですぐに改善アイデアが見つからなくても焦ることなく、みんなの改善案や改善着眼ワークシートなどを参考にして考えていきましょう。そして別途の機会に再度打ち合わせる約束をしましょう。何度も改善アイデアを考える機会を持つことで追加案に気付くもので

す。そして、こうした努力の結果として改善アイデアを発見できると、大きな力の向上になります。なお、改善目標にかなり不足な場合には、次回ミーティングの日程を延ばしてでも、改善アイデアの追加を繰り返し検討しましょう。

③次回検討会の予定を伝える

　改善案のまとめができると、次回ミーティングではみんなが結果を報告し合います（詳細は次章参照）。そのことをみんなに伝え、準備をしてもらいましょう。報告は、1人ひとりの改善案が何件あり、また改善効果時間の合計がいくらで、何パーセントの改善になるか報告してもらいます。そして他のメンバーに参考になりそうな改善案を数点紹介し合うことを伝えます。

　全員で取り組んだ活動の目標は何としても達成したいのであり、改善案まとめのフォロー活動を行った時点で立案結果が目標未達の場合には、改善案の上積みを依頼することになります。このフォロー活動（目標達成へのあくなき努力）を通じて、みんなが目標必達の姿勢を共有していくことが大切です。

2 チーム目標が未達になる心配がある場合の対応

　改善案まとめのフォロー活動によってチームの目標は達成できると思いますが、念のためにみんなの改善効果時間を集計し改善率が目標を達成できているか点検しましょう。この結果、目標未達の場合や目標ギリギリなどで次回ミーティングでの質疑や検討によっては目標未達になりかねないような心配があるときには、事務局として改善案の追加を検討し、目標達成を確実にしておくことが大切です。次回ミーティング時に「目標を達成し成功できている」ことは何よりも重要なのです。

①追加立案すべき業務の明確化

　まず業務の所要時間が大きい割に改善効果時間が小さい業務はどれか を点検しましょう。また業務の重要性も加味しながら、もっと改善を考 えるべきと思われる業務を明らかにします。そしてメンバーごとの改善 率を見て、改善率の低いメンバーの業務で大きな所要時間のものについ て、十分に改善案が出ているか点検します。

　これらの視点から追加立案すべき業務を明確にします。

②改善効果時間などの再点検

　次に共通改善案が全員に適切に効果計上されているか点検しましょ う。共通改善案は後で追加しているため、改善効果時間の計上がメンバー によりばらつきの出ることがあるからです。

　また複数メンバーに同一の業務については、「メンバー間での改善効 果時間の差は妥当なものか」についても点検しましょう。メンバーによっ ては慎重すぎる見積もりになっていることや、過剰になっていることが あるかもしれないからです。

　①②を通じて、目標のパーセントまで改善立案するためには、誰のど の業務にどのくらいの改善効果時間を追加する必要があるのか、想定し ましょう。

③追加立案の検討会

　まず、追加立案の必要な業務に改善アイデアを出すために、事務局と 一緒に検討してもらうメンバーを選びます。そのメンバーは、当該業務 をある程度わかっていて、今回活動が成功するために「何としても目標 をやり遂げる」ことに賛同してくれる人です（もちろんチームリーダー と改善スタッフだけのこともあります）。そして、追加立案に必要とな る自己業務改善点検表と現時点で作成できている改善案を資料として準

備し、追加立案の検討会を行います。

　進め方は、3章の改善着眼ワークシートを活用し、ディスカッション方式で行います。具体的には、自己業務改善点検表を見ながら業務タイプ別の改善着眼ワークシートを当てはめ、また行動形態や流れの改善着眼ワークシートも当てはめます。そして目標を達成するまで改善アイデアを探し出すのです。

　一度の検討会で改善アイデアが出ない場合には、日を改めて何度も行いましょう。ここで目標達成できれば活動全体がほぼ成功するのであり、ここが正念場なのです。

5章
実施計画づくり

　5章では、ついに改善案立案の目標を達成できるのであり、これを「改善案立案結果」の報告会で確認します。みんなの努力が大きな成果になったことを、1人ひとりの報告に基づいて確認するのです。

　そして、報告会の成功を受けて、改善案の詳細な実施計画を立案します。

　第4回ミーティングは、報告会と実施計画づくりの2つを行います。的確に準備し、みんなで立案目標を達成した充実感を味わいながら進めていきましょう。

1 第4回「実施計画づくり」ミーティングの準備

1 「改善案立案結果」の報告に向けた準備

　4章までで改善案のまとめができ、立案が完成しました。そこで、これをみんなで報告し合って、改善案立案の目標達成を確認します。そしてこの区切りを踏まえて、次ステップの実施に移っていきます。つまり「実施計画づくり」ミーティングは「改善案立案結果の報告・確認」と「実施計画づくり」の2部構成で行います。前者の報告は、改善案立案の目標を達成したことを確認するたいへん重要なステップです。良い立案ができれば改善は成功したも同然であり、準備をしっかり行いましょう。

① 「改善案立案結果」報告の重要性

　改善案立案結果の報告は、「業務の見える化⇒改善アイデア出し⇒改善案まとめ」と努力してきた結果としての「改善案立案」完成の場です。改善案の立案ができれば後はその実施であり、業務改善は成功したも同然です。したがって改善案立案結果の報告会は、業務改善活動の中で極めて重要なイベントであり、みんなで立案目標の達成を確認し、その充実感を分かち合う機会です。そして、実施に向けて新たに意欲を高めていきます。

　そこで、報告会に向けてこれまでの活動経過を事務局としてまとめるととともに、1人ひとりも自分の改善案を点検し、改善活動の大きな区切りとして立案目標を達成した充実感を味わいましょう。

② 1人ひとりの準備と事前相談

1人ひとりの報告は、図表 5-1 のようなフォーマットに基づいて改善案立案結果を要約し、改善案シートに基づいて主要な（他のメンバーの参考になりそうな）改善案を数件紹介します。

図表 5-1　改善案立案結果の報告イメージ

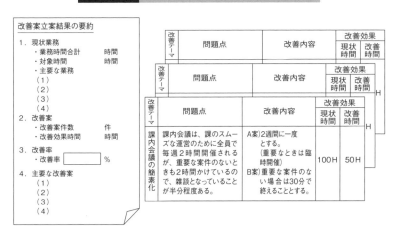

大切なことは、報告会までの間に改善案を確認し、不安のある改善案について事務局やチームの仲間に相談し、また自分でも検討して自信を持てるものにすることです。自信を持てる内容で目標を達成することで充実感を味わえるのです。そこで作成した改善案について問題点の捉え方、改善案のルール、有効性と実現性などを点検しましょう。そして必要に応じて手入れします。

不安点については、自分で努力しようとして相談のタイミングが遅くなることもあります。そこで事務局からみんなに一通り会って確認しましょう。個人別に会う機会を持つことで、ちょっとした不安についても早期に聞き、相談にのり、協力・応援していくことができます。

③目標未達者への応援

上記のヒヤリング時点で、もし目標未達のメンバーがいれば、協力・応援が不可欠です。というのも、チーム全体の目標を達成していれば問題はないのですが、自分が挑戦してきた目標を達成することは本人の自信と喜びになるからです。そして同時にその努力が全員にも伝わります。

前章での3節1②「目標未達メンバーへの協力・応援（175ページ）」や3節2「チーム目標が未達になる心配がある場合の対応（176ページ）」を参考に追加案を検討しましょう。目標達成に向けて、1人ひとりが分担した分の改善案立案を報告会ギリギリまで努力する姿勢が、チームに明るさと強さをつくっていくことになります。みんなで達成感・充実感を味わいながら進めていきましょう。

2 第4回「実施計画づくり」ミーティングの準備物と時間計画

第4回のミーティングでは、最初に改善案の立案結果についてみんなから報告してもらい、改善案立案の目標を達成したことを確認します。そして、これを実施していくための「実施計画のつくり方」を学び、実施計画を立案して実施に備えます。業務改善活動のいったんの成功であり、充実した準備が大切です。

①第4回「実施計画づくり」ミーティングの準備物
第4回ミーティングの準備物は次の通りです。
＜これまでの経過＞
ⅰ）これまでの経過……推進計画書はみんなに持参してもらいますが、そのポイント（目的、目標、推進方針など）を要約した「これまでの経過」資料を作成し、改善案立案完成という区切りに向けた資料として事務局が準備します（付録参照）。

ⅱ）改善案立案結果の報告用資料（図表 5-1 および付録参照）。

ⅲ）改善計画明細書（完成版）。

＜「実施計画づくり」関係＞

ⅳ）「実施計画づくり」のテキスト……付録参照。

ⅴ）詳細実施事項の例……チームリーダーや改善スタッフの例。

ⅵ）スケジュール表のフォーマット……付録参照。

＜次回予定＞

ⅶ）日程表……次回の予定を準備しておきます（状況により口頭可）。

②進め方の時間計画

具体的な進め方は次節で詳しく説明しますが、その手順と時間計画の例は図表 5-2 通りです。

| 図表 5-2 | 第4回「実施計画づくり」ミーティングの進め方と時間計画の例 |

＜第１部＞
ⅰ）これまでの経過 ……………………………… 10〜15分程度
　　（目的などこれまでの一連の経過を要約する）

ⅱ）改善案立案結果の報告（1人ひとり）…… 1人当たり10分程度
　　（報告７分、質疑応答３分など）

ⅲ）全体立案結果の要約 ………………………… 5分程度
　　（全体の合計で目標を達成していることを確認）

〜休憩〜

＜第２部＞
ⅰ）実施計画づくりを理解し実習 …………… 1〜2時間程度
　　（小グループに分かれ、詳細実施事項とスケジュールの立案）

ⅱ）グループディスカッション ……………… 1時間程度
　　（グループに分かれて相談）

ⅲ）まとめ、今後の予定 ………………………… 5〜10分程度

第 4 回のミーティングは第 1 部が改善案立案結果のメンバーからの報告であり、目標達成できたことを確認します。みんなの努力が大きな成果を生み出したのであり、その達成感を大切にし、第 2 部を進めます。第 2 部は改善案を確実に実施していくための実施計画づくりです。引き続きみんなの力で実施し、忙しい仕事に時間を生み出すために積極的に進めましょう。

2 第4回「実施計画づくり」ミーティングの実践

1 「改善案立案結果」報告会

　改善案立案結果の報告会はこれまでのいったんの締めくくりであり、一大イベントです。業務改善活動の前半の成功感を味わう時であり、何としても成功させる必要があります。以下の流れで進めます。

①趣旨とこれまでの経過

　スタートはこれまでの振り返りです。当初の「なぜ行うのか」という目的を確認し、最初に賛同した時の気持ちを思い出しましょう。そしてその気持ちで、これまで行ってきた「業務の見える化」「改善アイデア出し」「改善案まとめ」の経過を振り返り、みんなが努力してきたことを確認します。

　これらの結果として今日の報告は、チームの目標をみんなで分担してきたのであり、「チーム目標を達成するための報告」であることを確認しましょう。そして実施に向けて少しでも不安な点があれば忌憚なく相談し、また聞く側のメンバーも批判することなく、アドバイスします。

②1人ひとりからの報告とアドバイス

　報告はチーム目標達成に向けた分担分の説明であり、みんなでより良い改善活動にしていくという趣旨で進めます。まず改善案立案結果を要約したシート（図表5-1）を使って概要を説明し、その後、他のメンバーの参考になりそうな改善案を数件紹介しましょう。これらは理解しやすいように実際の帳票などを示しながら説明することが望ましいです。また立案した改善案に不安な点がある場合には、その内容を詳しく説明し

ます。チーム全体の業務をみんなで良くしていくのであり、聞く側のメンバーは少しでも多くアドバイスすることが大切です。

　報告に引き続き、質問やアドバイスを行い、最後に所感を述べて終わります。司会する人は報告やアドバイスの良い点を要約し、皆の拍手で終えるようにしましょう。

③全体のまとめ

　みんなからの報告が終わったら、全員分の改善効果時間を集計します。そしてチーム目標を達成していることを確認しましょう。ここに改善案立案という大きな山場を成功で乗り切ったのです。

　同時に当初の推進方針に基づき、みんなが積極的に参加し、協力し合って、目標達成できたことを伝え、ここまでのステップを成功できたことをたたえ合いましょう。もちろん不備な改善案があれば、この後の「実施計画づくり」の中で修正していくことを確認します。たとえ一部に不備があったとしても全体として目標を達成できていること、また今後不備を修正することを確認するのです。そしてみんなが努力して実現した良さ（目標達成）を今後の実施段階でも継続していくことを確認しましょう。

2 実施計画づくり（実施担当と実施完了時期決め）

　「改善案立案結果」の報告会が終わったら、一度休憩をとります。そして報告会の良いムードを受けて、「実施計画づくり」に移っていきます。

　スタートは、図表 5-3 のように改善案シートの右欄に実施担当と実施時期（実施完了時期）を決めていくことです（報告会での確認を踏まえた上での実施担当と実施時期の決定で、改善案は実施計画になります）。

図表5-3　改善案とその実施計画づくり

改善テーマ	問題点	改善内容	改善効果		実施担当	実施時期
			現状時間	改善時間		
課内会議の簡素化	課内会議は、課のスムーズな運営のために全員で毎週2時間開催されるが、重要な案件のないときも2時間かけているので、雑談となっていることが半分程度ある。	A案)2週間に一度とする。（重要なときは臨時開催）B案)重要な案件のない場合は30分で終えることとする。	100H	50H	○○	○月前半

改善案 → 実施担当、実施時期を決める → 実施計画になる

①実施担当の決定

　改善案実施の担当者を決めるに際して何よりも大切な点は、実施への「意欲」です。人の考えた案を実施するのではなく、自分で考えた改善案を自分で実施するのが最も意欲が湧きやすいものです。また自分の立案したものを実施すると、その立案の不備な点などもよくわかり、改善の力も付けやすいのです。よって、立案した本人が基本的に実施担当になります。

　なお、業務が類似していて同じような改善案の場合には、話し合って実施担当を決めましょう。また共通改善案（共通した業務などでみんなに同じになる改善案）は、みんなの「負荷」や改善案の特徴などを検討して実施担当を決めていきます（前もって想定しておき、ミーティング時に全員の合意で決めていきます）。

　また、他部署との調整が必要になるなど、本人だけでは難しいと予測されるような場合には、チームリーダーや改善スタッフ、先輩社員などが協力・応援する体制を検討しましょう。

②実施時期の決定

　実施担当が決まると、次にその人が主体的に実施の時期（実施完了時期）を決めていきます。1人ひとりが自分の責任で実施するのであり、

主体的に決めます。ただし全体の完了期日はチームとして決めます。通常、実施は 3 ヵ月内にします。あまり長いと「だれて」しまい、意欲が薄れます。また早く実施することにより、改善効果時間が早く生まれラクになるからです。そしてみんなの活動に活気を生むためにも、早めの期日が望ましいのです。もし 3 ヵ月以上かかると思われるものが出てきた場合には、早く実施できるように改善案をさらに具体化することが大切です。なお、実施時期は〇月前半、〇月後半などの区切り（半月単位）とします。

　次に改善効果時間が大きくて早く効果の出そうな改善案を、先に実施するようにしましょう。これは早く実施できるとそれだけ時間が生まれ、次の実施活動のための時間をつくれるからです。また効果時間が早く出ると達成感が得られ、意欲を持続しやすくなります。

　注意すべき点は、3 ヵ月期日の終了間際（3 ヵ月目）に多くの改善案を実施するような計画にしないことです。3 ヵ月目に何かの突発事項が発生すると、取り戻す期間がなく遅れてしまうからです。また、実施に不安の残る改善案については、早く取りかかることが大切です。早くから取り組んで不安点を解明しておくことが大切なのです。これらの点から、可能な限り実施時期は早めにし、最後の 3 ヵ月目はゆとり期間にしておくつもりで実施時期を決めていきましょう。

3 詳細実施計画づくり（ⅰ）〜詳細実施事項のリストアップ

　実施担当と実施時期が決まると、各人、2 週間分（次回の実施状況確認ミーティングまで）について、詳細な実施計画を立案します（この詳細実施計画は 2 週間ごとに繰り返し立案していきます）。具体的には個々の改善案について、その詳細な実施事項をリストアップし、スケジュー

ルを立てて、実施の準備をします（図表 5-4 参照）。以下、ポイントを
押さえておきましょう。まず詳細実施事項からです。

図表5-4　詳細実施計画づくりのイメージ

＜実施計画＞

改善テーマ	問題点	改善内容	改善効果		実施担当	実施時期
			現状時間	改善時間		
△△表のフォーマット改訂	△△表は○○のために作成しているが、この中の □□部分が記述方式なので、時間がかかる上に誤記もあり、その点検と修正に時間がかかっている。	△△表のフォーマットを改訂し、チェック方式を主にする。	100 H	50 H	○○	○月前半

＜詳細実施事項＞

＜例＞△△表のフォーマットを改訂する

①○○さんに問題点を聞く　　　⑤素案を点検する
②修正する点を赤字でメモする　⑥会議案内をつくる
③課長に意見を聞く　　　　　　⑦課長に見てもらう（一式）
④素案を作成する

＜日・時刻単位でのスケジュール＞

実施スケジュール表
＜実施事項＞　　　　　　　　　　　　　　　　　　　　氏名

○月	予定	7	8	9	10	11	12	1	2	3	4	5	6	7	8	9	10
1（月）																	
2（火）					→			◎◎さんに聞く				修正点のメモ					
3（水）				課長に聞く													
4（木）																	
5（金）				～以下：略～													
⑥（土）																	
⑦（日）																	
8（月）																	
9（火）																	
10（水）																	
11（木）																	
12（金）																	
⑬（土）																	
⑭（日）																	
15（月）																	
16（火）																	

①詳細実施事項リストアップの重要性とその概要

　改善案の実施を確実に行うためには、「いつの日にやろう」というレベルの計画ではなく、短時間（長くても2時間以内）で完了できる詳細実施事項に細分化し、それを「○月○日の○時に行う」というレベルで計画することが重要です。

　たとえば「○○表のフォーマットを改訂する」というレベルでは、やり始めてみると必要な資料がないとか、○さんに聞きたいが不在だ……といったことになりかねません。図表5-4の詳細実施事項の例のように、「○○さんに問題点を聞く、修正する点を赤字でメモする、課長に意見を聞く、素案を作成する……」のように細分化した内訳をリストアップしておくことが大切です。

　このレベルに細分化しておくと準備不足などの失敗がなくなり、また時間の計画にも狂いがなくなります。その上ちょっとした「スキマ時間（空き時間）」も活用できるとともに、実施への意欲も湧かせやすくなります。特に難しいことが含まれている場合には重要です。難しいことも細かく分けて、何度も考えることで実施していけるようになります。

②詳細実施事項をリストアップするコツ

　このように具体的なレベルで詳細実施事項をリストアップするのが実施を成功させる秘訣ですが、一体どうしたらできるでしょうか。図表

図表5-5　詳細実施事項リストアップのコツ

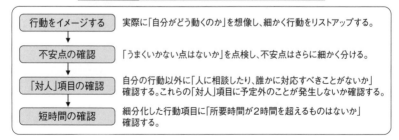

行動をイメージする	実際に「自分がどう動くのか」を想像し、細かく行動をリストアップする。
不安点の確認	「うまくいかない点はないか」を点検し、不安点はさらに細かく分ける。
「対人」項目の確認	自分の行動以外に「人に相談したり、誰かに対応すべきことがないか」確認する。これらの「対人」項目に予定外のことが発生しないか確認する。
短時間の確認	細分化した行動項目に「所要時間が2時間を超えるものはないか」確認する。

5-5 の 4 点がポイントになります。

　つまり自分の行うべき行動をイメージしてメモし、実施に不安の残るものはさらに細分化します。また人に関係する項目の漏れを点検し、各項目が 2 時間以内でできるか確認するのです。図表 5-5 を横に置いてどんどんリストアップしていくとすぐに慣れてきます。

③詳細実施事項の振り返りと点検の習慣化
　いったんリストアップできた項目について、日を改めて点検するのが確実性を高める良い進め方です。たとえば 1 週間単位で翌週の詳細実施事項を点検し、また毎日の実施することを、前日に確認しましょう。こうすることで難しい項目、不安のある項目、実施時間が長くかかりそうな項目を確認でき、さらに細分化できます。そして自信を持って実施できるようになります。
　もし難しいことや不安なことが残っている場合には、誰かに相談するのも良い方法です。相談しようとすることで自分も考えるとともに、相談してみると不安の理由に気が付き、ヒントを得られることがよくあります。このような努力をすることによって、いわゆる仕事の「段取り力」が向上し、いろいろなこともスピーディに実施できるようになります。

4 詳細実施計画づくり（ⅱ）〜スケジュール

　実施状況確認ミーティングまでの 2 週間で行うことについては、詳細実施事項のリストアップとともにスケジュール立案も重要です。スケジュール（いつ何を行うのかの計画、予定）が甘いとスタートから遅れることになりかねず、結果として全体の雰囲気が暗くなり活気がなくなりやすいのです。また遅れている当人も焦りから余裕がなくなり、実力

を出せなくなることもあります。以下の点に注意してスケジュールを立案しましょう。

①スケジュールを前倒しし、後半にゆとりを持つ

　スケジュールを立てるのは、期日までに決めたことをやり遂げるためです。そして仕事の期日を守るのはその責任を果たすことです。また難しいことを自分で決めた期日内にやり遂げることは達成感にもなります。

　この期日を守るためのスケジュール立案のコツは、後半に余裕を持っておくことです。後半にゆとりのない計画では、突発事項が発生すると期日を守れなくなるからです。また計画したことが前倒しで進んでいると心に余裕ができ、実力を発揮しやすくなります（余裕がなくなると、気になってあれもこれもと気持ちが焦り、集中しにくくなることが多い）。

　日常業務の繁閑にもよりますが、2週間の計画の場合、後半の数日間はゆとりとして確保しておきましょう。ぜひ、行うべきことを前倒しして計画する力（自分を追い込む強さ）を財産としてください。

②重要な節目となる行事（以降、マイルストーン）の日程を早めに設定する

　スケジュール立案の2つ目のポイントは、重要な節目となる行事の日程を上手に設定することです。最終期日を守るには、中間での「重要な会議などの逃げられない行事（マイルストーン）」を決め、いわば守らざるを得ない状況をつくり出すことが重要です。つまり、自ら重要な日程を設定し、逃げられない環境をつくって、集中力を発揮するのです。

　このマイルストーンの日程（マイルストーン日程）は、「案ができてから会議を招集しよう」などといった決め方では価値がありません。たとえその案が構想段階であったとしても、先に会議の日程を決めるからこそ、その日程を守るために集中力が増して案を作成できるのです。

　そして大切な点は、全体スケジュールの中でマイルストーン日程を前

倒ししたもので設定することです。こうすることで全体期日を守ることができます。前倒ししたマイルストーン日程を設定し遵守することで、ゆとりが生まれるとともに「自分の強さを信じる力」も養えます。

③時刻単位でスケジュールを立案する

　3つ目のポイントは、時刻の単位でスケジュールを立案することです。2週間の計画で「この頃に実施する」などではスケジュールとしては不十分であり、「○月○日の何時に行う」というレベルで立案することが大切です。たとえば図表5-6のような時刻の入った計画表などを活用するのがよいでしょう。

図表5-6　時刻入り計画表の例

実施スケジュール表
<実施事項>　　　　　　　　　　　　　　　　　　　　　　　氏名

○月	予定	7	8	9	10	11	12	1	2	3	4	5	6	7	8	9	10
1（月）																	
2（火）																	
3（水）																	
4（木）																	
5（金）																	
⑥（土）																	
⑦（日）																	
8（月）																	
9（火）																	
10（水）																	
11（木）																	
12（金）																	
⑬（土）																	
⑭（日）																	
15（月）																	
16（火）																	

　この時のスケジュールは、マイルストーン日程を決めてあるため、これが目安になります。その場をありありとイメージし臨場感を持って、個々の詳細実施事項のスケジュールを決めましょう。そしてマイルストーン日程の前には「ゆとり」を持っておかなければなりません。もち

ろん日常業務の繁閑も考慮して立案しましょう。

　スケジュールができたら、1週間の業務と時刻別の計画を点検しましょう。その週の計画が間違いなく実施できるか振り返るのです。そして毎日、必ず進捗を確認しましょう。もちろん週末にも、翌週の計画を点検しましょう。このように計画（立案）と確認（点検）の進め方を習慣化することで、実施の力を向上させていくことができます。

④小グループでの話し合いと相互アドバイス

　立案できた詳細実施事項とスケジュールについて、小グループ内で不安な点がないか、どうしたらよいかを話し合いましょう。話し合い（相談）はチェックでなく、みんなが確実に実施でき、時間を生み出してラクになる目的であり、相互アドバイスの考え方で進めます。

　したがって、実施に少しでも不安のあるものは忌憚なく相談し、またみんなは自分のこととしてアドバイスしましょう。

5 詳細実施計画づくり（ⅲ）〜不安事項への対応

　詳細な実施計画（詳細実施事項、詳細スケジュール）の立案とその相談（グループでの話し合い）時のポイントは、不安事項を放置しないことです。というのも、実施において「できるか不安だなー」と思うことについては、手を付けるのが「おっくう」になりがちで、結果として遅れやすいからです。

　不安事項を自らの力で乗り越えていくことができれば、本人の大きな力の向上になるのであり、この面からも大切です。

①不安事項を放置しない（行動する、人に会う約束をする）

　不安事項は放置する以上、何ら前に進みません。大切なことは、何は

ともあれ取りかかることです。不安事項を解決して前に進めるポイント
は、まず「行動する」ことです。行動していれば、何らかの道は拓ける
ものです。

　そのためには、相談などの「人に会う約束」をするのが良い方法です。
チームリーダーや改善スタッフ、また仕事の仲間など誰でもよいので、
相談に乗ってほしいとのアポイントメントを取りましょう。人との約束
があれば、その日までに資料を準備するとか、内容を整理するなど、何
らかの行動を行うものであり、当日も何らかの進展があるものです。

②不安事項の細分化（ブレイクダウン）

　不安事項を解決するポイントは、不安事項を分けてみることです。何
が不安なのかを明らかにするためには、まず詳細実施事項としての「行
うこと」を書き出します（本章2節3でできています）。そしてそのど
こが不安なのか、項目ごとに、できることと不安の混じっていることを
点検しましょう。そして少しでも不安なことが混じっていれば、その項
目をもう一段階掘り下げて、細分化（ブレイクダウン）します。

　不安なことを何らかの方法でメモし、さらにこれを細分化して実施し
ていく力は、何にも勝る財産になります。

③相談し、不安事項の中身を振り返る

　上記②で不安事項を解決できると素晴らしいのですが、不安が残るこ
ともあります。この時には、誰かに不安な内容を話してみてください。
人に話してみると、不安の正体が明らかになることがよくあります。ま
た、明らかにならなくても、相談した時に「前向きな意見」を聞くこと
が大切です（そういう人に相談する）。この前向きな意見を「無理だ」
と否定せずにまずは受け入れ、後でもう一度見直すことで、自分の考え
方（不安の内容）をこれまでと異なる視点から見ることが可能になりま
す。そして対策に気付きやすくなります。人に相談して異なる視点の刺

激を得て不安事項を検討し、その上で再度細分化することを繰り返すことで、解決できるようになるのです。

6 詳細実施計画づくり（ⅳ） ～調整を円滑に進める準備

改善案実施の中で難しいのが、他部署などとの調整です。自分でできることは自分の時間を確保すればよいのですが、相手に了承をもらう必要があることは、その打ち合わせ（調整）がうまく進まないと改善案実施が暗礁に乗り上げてしまいます。調整を円滑に進めるために、次の点に注意して準備しましょう。

①相手のメリットは何か

調整は「自分がラクになるのでやってほしい」では、うまくいきません。相手にメリットがないのであれば、相手はやってもやらなくても同じであり、わずらわしいだけです。一方、相手のメリットが手間よりも大きければ、反対する理由がないことになります。したがって調整においては、相手のメリットを明らかにすることが何よりも大切になります。

たとえば相手にミスをなくしてもらうことは、チェックリストを準備するなどによりその手間が小さいのであれば、相手も「ミスではないかと悩むロス、後での確認や問い合わせの二度手間、業務の中断ロス、修正の時間」などがなくなり、メリットの方が大きいはずです。相手のメリットのために改善案を考えていく姿勢が大切です。「説得」は、押し切ることでも何でもなく、相手の「得」を「説く」ことが鍵です。

②相手を大切にする

調整の次のポイントは、相手を大切にしている気持ちが伝わることです。たとえば相手のメリットを発見しても、「そちらにもメリットがあ

るのだから当然やれよ」のようなニュアンスになっては、うまくいくものもおかしくなりかねません。「あなた（相手）は組織の中でとても重要であり、そのあなたにメリットがあるように努力したい」との気持ちが伝わることが大切です。「相手を大切にする気持ち」ができているか、心構えを確認しましょう。

③大筋で調整する

　実際の調整に際しては、一気に細部まで調整しようとせずに、まず大筋レベルでの合意をはかるのが良い進め方です。急に細部まで話し合おうとしても、相手は細部まで常日頃から把握しているわけでなく、わからないことは「考えてみる」ということになり、OK が出ない危惧があるからです。そしていったん OK が出なかったものは、相手も「面倒だなー」と思いやすく、前に進みにくくなります。

　この時、大きな方向性の話だけならわかりやすく、判断しやすいのです。細部は後々詰めていけばよいのですから、調整はまずは大筋で進めるように計画しましょう。

Q&A 疑問・質問とその考え方

「実施計画づくり」は改善案立案結果の報告会に引き続き行うため、報告会が良いムードであれば、疑問や質問は少ないのですが、次のような疑問や質問の出ることがあります。良いムードが続くようにしっかり納得して進めていくことが大切です。

Q1 完了まで3ヵ月は短すぎる。
忙しいのになぜそう急ぐのか、延ばせばよいではないか

> 3ヵ月では忙しすぎる。延ばすべきだ

> ウーン、そうかな……何とか……

　忙しいのは確かなので、「3ヵ月では無理だ」との声にみんなも賛成しそうな雰囲気のことがあります。でもこれに応じると、かなり遅くなりそうなのです。

・　・　・

　A まず「期日」を延ばしても延ばさなくても、実施活動に必要な「時間」は同じであることを確認しましょう。3ヵ月と期間を短くする方が、早く改善案を実施でき、その分の改善効果時間が早く生まれます。したがって最初の忙しさのピークを乗り切れるなら早く実施する方がトータルではラクなのです。また短めの期間にして集中して実施活動を行う方が、集中力が働き必要な時間も少なくなります。期間が長いと途中で実施する内容を忘れたり、思い出すための時間のロスが発生するからです。そして短期間の方が意欲も湧かせやすいのです。

期間を長く取りたい気持ちになるのは、改善案の実施内容の具体化が不足していて考える期間が欲しいというケースもあります。期間があれば、その間に知恵が出るのではないかと思うのです。しかし３ヵ月を超えた長い期間では逆に忘れるデメリットの方が大きくなりかねません。そこで、長い期間が必要と思われる案は、直近の２週間分ではなく先行して詳細実施事項を検討することが大切です。そして個々の実施事項にどのくらいの時間を必要とするのかを見積もりましょう。

　このように詳細実施事項を明らかにしてその負荷を検討した結果、それでも「忙しすぎて期間を延ばしたい」との思いになる場合には、すでに日常業務が忙しすぎるのかもしれません。この場合には日常業務の応援を早急に検討しなければなりません。まずは日常業務の負荷と改善案実施の負荷がどの程度なのかを明らかにすることです。みんながラクになることが目的であり、無理に期間を短くしているのではない旨をよく話し合いましょう。

Q2 他部署との調整はチームリーダーがやってほしい

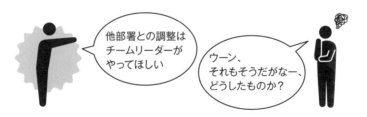

他部署との調整は
チームリーダーが
やってほしい

ウーン、
それもそうだがなー、
どうしたものか？

　もちろんチームリーダーとして難しいことは応援するのですが、「難しいことは何でもやってほしい」との甘えであれば、大切な「挑戦し乗り越える力」が向上しません。

● ● ●

A まず大切なことは、チームリーダーが率先して活動していく

ことを確認することです。その上で、みんなで力を合わせて推進することを話し合いましょう。

　調整のポイントは、「立場だからできる」とかではなく、相手にメリットのあることが鍵であり、この相手のメリットを一緒に検討する旨を話し合いましょう。というのも、相手のメリットを自ら見つけて調整していく力を付けることは、他の業務でも大きな力の向上になるからです。そして相手のメリットが明らかになった時点で、再度どのように調整を進めるのがよいのか話し合いましょう。

　難しいことを克服することを通じて、みんなの実力がより向上してほしいのであり、誰かに押し付けるのではなく、チームリーダー率先垂範の下、みんなで協力し合って活動していくことを確認しましょう。

3 第4回「実施計画づくり」ミーティング後のフォロー活動

1 「実施計画づくり」フォロー活動の進め方

　詳細実施計画（詳細実施事項とそのスケジュール）はミーティングの場でつくりますが、実習時間の不足から持ち帰って完成するケースが出てきます。そこでこれらが日常の中で確実にできているかのフォロー活動が大切になります。というのもこの時点での計画が甘いと実施活動がスタートから遅れ、全体の雰囲気が暗くなりかねないからです。

　この実施計画づくりのフォロー活動も原則、1対1で行います。それは実施活動を行う上での長所や短所には個人差があり、個人別に「計画を立案し実施していく力」の向上をはかる相談に乗れるからです。

①詳細実施事項が粗いケースについてのフォロー活動のポイント

　確実な実施に向けた第1のポイントは詳細実施事項をリストアップすることですが、これまで改善やプロジェクト活動などの経験が少なく、リストアップに慣れていないメンバーもいます。このような場合、経験が少ないのであり、「やるように」と依頼するだけでなく、一緒に経験する中でやり方に慣れてもらうことが大切です。慣れればそのメンバーの力が向上し、財産になります。

　具体的には実施事項のうち、2時間以上かかりそうなものなど「項目の粗いもの」について、準備の必要なことはないか、誰かに話を聞くことはないか、必要な資料はないか、などを一緒に考えましょう。粗い項目をブレイクダウンするコツは、1つの実施事項（項目）について、その準備として必要なものはないか（インプット）、やり方の内訳としての手順・内容は何か（プロセス）、後で確認することはないか（アウト

プット)、のように検討するとよいでしょう。つまり、1つの実施事項を、その前、中、後のそれぞれについて細かく分けてみるのです。

　なお、忙しさから、詳細実施事項を粗くしか書き出していないケースもありますが、この場合にも上記の詳細リストアップをその場で行いましょう。詳細実施事項をメモするのに大した時間がかからないことを実感してもらうのです。それは「実施準備ができていない、実施が遅れるのでは」などと心配する時間ロスの方が大きいくらいなのです。

②スケジュールが具体化していないケースにおける
　フォロー活動のポイント

　スケジュールが具体的に立案されていないケースもあります。これまでにプロジェクトなどの経験が少なく、スケジュールをつくることに慣れていないメンバーや、忙しいからとつい放置しているケースです。

　前者の場合には、一緒にスケジュールを立案することで、力を付けていくことが大切です。具体的には、たとえば毎日「4時半から5時を改善活動を行う時間帯」と決めて活動時間枠をつくる、時刻単位のスケジュール表活用の習慣をつくる、マイルストーン日程を早めに設定する、締め切り前にゆとりを持つ、スキマ時間をうまく活用する、など自分なりのやり方を身に付けることが大切です。そして立てたスケジュールを事前（毎朝など）に確認し、実施後（終業時など）に振り返ることで力の向上に結び付けましょう。

　後者の「忙しいから」と放置している場合には、スケジュール立案に時間がかかるのではなく、忙しいからこそスケジュールを立てることが重要であることを認識することが大切になります。そしてこの場合にも、その場で一緒にスケジュールを立案しましょう。実際にスケジュールを立てることで、その良さを実感すること、習慣化することが大切です。

③実施状況のヒヤリング
（次章「実施状況ヒヤリング」の第1回目に該当）

　詳細実施計画ができるとすぐに実施するのであり、「実施計画づくりのフォロー活動＝第1回目の実施状況のヒヤリング」になります。そこで上記①、②の「詳細実施計画」以外に、実施が順調に進んでいるか、困っていることはないか、応援の必要なことはないか、などについてもヒヤリングします（詳細は次章1節1で詳しく説明）。もし初回の実施状況を確認するミーティング時からメンバーの実施が遅れていると、全体が暗くなりかねないため、最初の実施状況のヒヤリングは重要です。次章（1節1）を参考にし、確実に実施活動を進めてください。

6章
実施状況確認

　6章は最終ステップの実施です。実施状況を定期的に確認しながらすべての改善案を実施し、時間を生み出します。そしてみんなが努力してきた活動の成果を「完成報告会」を開き、確認します。

　みんなで努力してきた一連の業務改善活動が成功したのです。素晴らしい成果をたたえ合い、今後のさらなる「良いチームづくり」につなげていきましょう。

1 第5回「実施状況確認」ミーティングの準備

1 「実施状況確認」ミーティングの準備 （実施状況ヒヤリング）の進め方

改善案の実施については、定期的（2週間ごとがよい）に実施状況を確認するためのミーティング（実施状況確認ミーティング）をみんなで開催し、推進していきます。そしてこのミーティングの準備として事務局が実施状況をヒヤリング（実施状況ヒヤリング）します。この「ヒヤリング」と「ミーティング」の2つの仕組みで実施を確実なものにしていくのです（なお、初回の実施状況ヒヤリングは5章の実施計画づくりのフォロー活動を兼ね、2回目以降は実施状況確認ミーティングのフォロー活動を兼ねます）。実施状況ヒヤリングの進め方は次の通りです。

①実施状況ヒヤリングの考え方

実施状況ヒヤリングは、次の考え方をみんなと共有することが重要です。

まず、実施状況ヒヤリングはミーティング前に行うものであり、それは「予防」という考え方です。つまり「遅れる前（実施状況確認ミーティングが正式な場であり、ここまでは遅れていない）」に行うのであり、この時点で本人の計画より遅れていたとしても指摘することではありません。それは、「みんなが集まった確認の場（実施状況確認ミーティング）」以外に「個別相談の場（実施状況ヒヤリング）」のある方が、スムーズに推進できるから行っているのです。目標を達成するための予防機能であることを共通認識することが重要です。

次に実施状況ヒヤリングは、みんなが参加したミーティングの場ではなく、1対1のヒヤリングが特徴であり、本音で話し合い、「実施する力（実施力）の向上をはかっていく」考え方です。みんながいる場ではなかなか自分の弱みや失敗などを言いにくいのですが、1対1のヒヤリングだと本音で話しやすいのです。つまり実施活動について、本音で悩みを相談でき、1人ひとりの悩みを解決して活動を順調にしていきやすいのみならず、「こういうことが苦手だ」というような話し合いを通じて、実施力の向上をはかっていけるのです。

　3点目に特に大切な点は、実施状況ヒヤリングは「チェックではない」という点です。チームのメンバーはみんなが目的に賛同し、分担した改善案を実施することを約束しているのですから、これをチェックしようというのはそもそもおかしな話なのです。約束している以上信頼しているのですが、全体の目標を何としても達成するために「困ったことが発生していないかを確認し、何か不都合があれば協力・応援するための場」が実施状況ヒヤリングなのです。そしてみんなが参加した区切りとしての実施状況確認ミーティングが成功し、明るく順調に実施活動を推進するためにヒヤリングがあるのです。そもそも「チェック」されるのでは嫌だし、する方も嫌なのであり、あくまでも協力・応援の場なのです。

②実施状況ヒヤリングの準備

　実施状況ヒヤリングの準備は、何よりもまず上記①の考え方を確認することです。具体的な準備としては、ヒヤリング対象メンバーの担当している改善案の内容を振り返り、実施予定のものについて詳細実施事項とそのスケジュールを見ておきます。特に調整事項など難しそうな点がないか点検しておきましょう。難しそうな点については自己業務改善点検表を確認するなどして、その難しい背景を理解しておきましょう。

　こうした準備によって、ヒヤリング時に1人ひとりの困っているこ

とや悩みなどを理解しやすくなります。事前に学んでおく努力が、心に
ゆとりを生み、ヒヤリング時に聞くことに集中できるようになるのです。
今後も実施活動は続くのであり、最初のヒヤリング時に「気持ちをわか
り合える」「良かった」との印象を持てるかどうかが、今後の活動に大
きな影響を与えるため、実施状況ヒヤリングの準備は大切です。

③実施状況ヒヤリングの実践

　実際のヒヤリングでは何よりもまず、「チェックでなく協力・応援」
ということを確認しましょう。このためにはスタートで活動全体の目的・
目標を振り返り、これをみんなで達成するために、実施状況ミーティン
グを順調に進めて、全体が良いムードで実施活動を進めていけるよう話
し合いましょう。そしてみんなが順調に進めていけるように、困ってい
ることを把握し、「協力・応援していくのがヒヤリング」ということを
確認します。

　こうして実施状況ヒヤリングの趣旨を共通認識できたら、実施状況確
認ミーティングまでのスケジュールが順調に進みそうか、困っているこ
とはないかヒヤリングします。ここでもチェックのように聞くのではな
く、自分のこととして、困っていることがあれば少しでも協力・応援し
たいとの気持ちでヒヤリングすることが大切です（このような思いや気
持ちは伝わるものです）。

④実施が遅れている場合のヒヤリング

　ヒヤリングの時に、実施がスケジュールより遅れている場合や遅れそ
うなケースでは特に注意が必要になります。遅れについて批判や指摘の
気持ちを持たずに協力・応援の気持ちで聞くことが大切です。

　そして、遅れについて指摘するのではなく、その「内容を聞く」こと
で少しでも協力・応援しましょう。何よりも具体的な内容を把握しない
ことには協力・応援もできません。「ああしろ、こうしろ」というよう

なことではなく、図表6-1の「実施遅れ」分析シートのように「行うべき予定の内容」を詳しく聞き、これと現状を照らし合わせて確認しながら（遅れている「理由」は自分自身で考えることが大切）今後の対策を話し合いましょう。

図表6-1　「実施遅れ」分析シート例

「実施遅れ」分析シート

テーマ名　来客予定表の改善　　　　　氏名　○○　○○

No.	実施予定の内訳 （具体的な項目、内容）	遅れている内容・理由 （具体的に記入）	今後行うこと （期日を明記する）
	営業担当者への説明会が遅れた。 ・来客のデータ集め ・データの集計と分析 ・説明資料作成 ・同上の点検 ・課長打ち合わせ ・会場確保 ・日程連絡 ・説明会開催 ※1ヵ月分データを取ったが、期間が短いとの話があり、全員への説明会を持てていない。 （略）	・課長打ち合わせ時に「データが少ない」との話から、進展していない。 ・データ数よりも「営業担当者に嫌がられる」との気持ちがある。 （略）	→データを2ヵ月分にする。 （○月○日） →親しい営業担当者に相談する（○○さん、○日）。 →上司に協力を依頼する。 （○月○日）

　もちろん話し合って協力・応援しますが、行うべきことを一緒に考えること自体が、確実な実施につながります。

2 第5回「実施状況確認」ミーティングの準備物と時間計画

　第5回からの実施状況確認ミーティングでは、みんなが実施状況を報告し、そのスムーズな実施に向けてアドバイスし合います。この実施状況確認ミーティングはスタートが順調で遅れがないと、その後も遅れにくいのですが、いったん遅れ出すと雰囲気も悪く、遅れが常態になりかねません。そこで特に初期に遅れないように前節のミーティング前の実施状況ヒヤリングが重要になります。もちろんミーティングの具体的な準備も大切です。

①第5回「実施状況確認」ミーティングの準備物
　第5回「実施状況確認」ミーティングの準備物は次の通りです。

＜事務局の準備＞
　ⅰ）これまでの経過……チーム全体の改善案立案結果と実施計画のスケジュール（実施時期）がわかるような資料を作成しておきます。また前回までの実施結果についても要約した資料を作成しておきます（付録参照）。

　ⅱ）実施状況確認ミーティングの進め方と運営のルール……実施状況確認ミーティングの進め方と「批判厳禁」などの運営のルールを資料として準備しておきます（付録参照）。

　ⅲ）「実施遅れ」分析シート……遅れないことが望ましいが、遅れが発生したときのために準備しておきます（付録参照）。

＜1人ひとりの準備＞
　ⅳ）詳細実施計画と結果……詳細実施事項とそのスケジュール、およびその進捗を示す資料（各人の自主的な資料でよいのですが、スケジュールとの差がわかるような資料を準備します。またアドバイスのほしい点について資料を準備します）。

＜次回予定＞

　ｖ）日程表……次回の予定を準備しておきます（状況により口頭可）。

②進め方の時間計画

　具体的な進め方の手順と時間計画の例は図表 6-2 のようです。

図表 6-2　「実施状況確認」ミーティングの進め方と時間計画の例

　ｉ）これまでの経過………………………10 分程度

　　　（改善案立結案果、実施スケジュールなど、これまでの経過を要約する）

　ｉｉ）実施状況の報告とアドバイス……１人当たり 10 〜 15 分程度

　　　（１人ひとりからの報告５分、アドバイス５分など）

　ｉｉｉ）全体実施状況の要約……………５ 〜 10 分程度

　　　（全体としての実施状況を要約）

　　　（個別に応援する計画や日程についての確認）

　ｉｖ）次回の予定など…………………２〜３分程度

　実施状況確認ミーティングは、１人ひとりの報告とみんなからの前向きなアドバイスが主内容です（遅れを批判しても、成果につながらないことには意味がありません）。報告する側はアドバイスをもらいやすいような資料の準備を行い、また聞く側は自分のこととして報告を聞き、仲間のために少しでも多くアドバイスすることが大切です。事前準備しながら（その間も）、「相談」「アドバイス」の考え方をみんなと共通認識していきましょう。

2 第5回「実施状況確認」ミーティングの実践

1 実施状況確認ミーティングの進め方

　実施状況について、みんなが集まって定期的（2週間ごとが望ましい）にミーティングを開き、確認していきます。それは実施活動に区切りを持つことでリズムをつくるとともに、みんなで状況を把握し困ったことがあれば協力し合っていくためです。このミーティングの具体的な進め方は次のようになります。

①これまでの経過と実施状況確認ミーティングの趣旨の共通認識

　ミーティングのスタートでは、これまでの経過を振り返ります。活動全体の目的、改善案立案結果、実施計画づくりの結果などを通じて、活動の重要性とこれまでの成果を確認します。そして引き続き、チームみんなの積極的な実施活動で成功させていくことを合意しましょう。

　その上で、実施状況確認ミーティングの趣旨を共通認識します。それは「チェック」ではなく、区切りを持つことでスムーズに実施できるとともに、困ったことが発生した場合にみんなで助け合って成功させていくための場なのです。したがって、実施状況の報告に対しては批判することなく、前向きにアドバイスし合って、全体を成功させていく旨を確認しましょう。

②1人ひとりからの実施状況の報告とアドバイス

　ミーティングでは、実施状況をメンバーから順に報告してもらいます。予定より遅れている場合には、「具体的に何が遅れ、今後どうするのか」について報告してもらいましょう（図表6-1の要領を思い出してくだ

さい)。そしてみんなで気付いた点をアドバイスします。

　注意してほしいのは、みんなが遅れを自分のこととしてとらえ、前向きに今後の対策をアドバイスするように進めることです。目標を達成するためには、済んだことを批判しても仕方がないのであり、今後の行うべきことをしっかり検討することにより、みんなで協力して挽回していくのです。司会者は批判的なムードにならないようにするとともに、アドバイスの視点を説明するなど、少しでも多くのアドバイスが出てくるように前向きに進行することが大切です。

③まとめ

　実施状況の報告とアドバイスが一通り終了したら、まとめを行います。まず、みんなの実施結果から完了できた件数とその改善効果時間を集計します。改善効果時間を合計したチーム全体では多くの時間が生み出され、効果が大きいことを確認するのです。

　次に参考になる「実施の進め方で良かった点」について話し合いましょう。良いことはどんどんまねて良い実施活動にしたいのです。

　遅れがあった分についてはアドバイスの内容を要約し、またミーティングで決まった対策を確認します。そしてみんなが協力し合って遅れを取り戻し、目標を達成していくことを合意しましょう。

Q&A 疑問・質問とその考え方

　実施活動では「忙しいので、できない」との声がよく出てきます。忙しいのはわかるのですが、期日順守に「甘えの心」を許しては、目標の達成が危ぶまれるのみならず、1人ひとりの実施力の向上を阻害しかねません。

Q1 日常業務が忙しいのだから、遅れてもやむを得ないのではないか

　忙しいことはわかるのですが、だからといって「遅れてもやむを得ない」ことを認めてしまうと、遅れに歯止めがきかなくなりかねず、また本人のためにもなりません。どう考えたらよいでしょうか。

・・・・

　A 大切なことは、忙しいことを計画時点からわかった上で、スケジュールを立てた点です。そこで「遅れてもやむを得ない」ことを認めてしまうと、その人が自分で立てた計画に対して自分が遅れ、それを自分に許すことを追認することになるので、良くないのです。

　立案したスケジュールに無理があったのか、それとも実施事項に要する時間の見積もりを間違えたのか、または何かの突発事項など緊急事態が発生したのか、など遅れた原因をよく振り返ることが大切です。計画とズレが生じた原因を自分で分析し、またそのズレを事前に予測できなかった自分の弱点を確認できれば、それは大きな実施力の向上になります。しかしこの分析をせずに自分の至らな

かった点を明確にしないままだと、今後も分析しない習慣になりやすく、実施力の向上をはかりにくいのです。

　ミーティングの場では時間不足などから対策の検討を詳しくできない場合には、後でもよいのでしっかりと検討しましょう。そして、忙しくても協力し合って、決めた目標をやり遂げることを確認しましょう。全員がラクになるために活動しているのであって、一時の苦労を乗り越えるとラクになるのです。

Q2 本人が悪いのになぜ手伝うのか

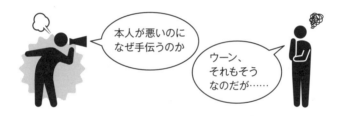

　遅れている人への協力などを依頼した時に、このような声が出ることがたまにあります。どう考えたらよいのでしょうか……。

・　・　・

　A　ミーティングの前に実施状況ヒヤリングを行っているため、多くの人が遅れることはないので、このケースでは特定の遅れている人のことを言っていると考えられます。この場合には、その特定の人が他のメンバーに比べどの程度努力不足なのかによって対応が異なります。個別の事情がある場合には、その事情をまず確認しましょう。また他のメンバーに比べ明らかな努力不足の場合には努力が必要な旨を明確に伝え、そのメンバーと別途、個別に話し合いましょう。ミーティングの場で個人批判を長々と行っても場を暗くす

るだけであり、後で対応する方がよいケースが多いものです。

　なお、ミーティング時に発言者が納得していないような場合には、後で個別に「遅れた人固有の原因」をしっかりと話し合いましょう。チームの全員が前向きに協力する仲間になっていきたいのであり、そのために今後ともみんなで努力していきたい旨を確認しましょう。

3 第5回「実施状況確認」ミーティング後のフォロー活動

1 実施遅れへの対応〜実施状況ヒヤリング

　実施状況確認ミーティングで遅れがあった場合、間髪を容れずにヒヤリングし、遅れを挽回すべく協力・応援することが大切です。遅れを放置すると溜まってしまい取り戻すのが大変になるからです。また、「遅れはすぐに対処する」という習慣をつくっていくことが大切です。この遅れへの対処のフォロー活動は同時に次回実施状況確認ミーティングの準備（6章1節1実施状況ヒヤリング）になります。そこで遅れていない人も含めて全員に行います。その方が「遅れ＝悪い＝チェックする＝フォロー」という認識になりにくいのです。

　実施状況ヒヤリングの進め方は6章1節1の通りですが、実施状況確認ミーティングという正式な場で遅れが出ているケースでは、より確実に遅れを取り戻すことが大切になります。そこで図表6-1などを活用して遅れの対策を検討した上で、もし少しでも不安が残る場合には一緒に実施活動を行うことを検討しましょう。

　不安には再度遅れる不安と、たとえばフォーマット改訂などで「良い内容にできるか」という内容的な不安があります。前者の遅れることへの不安は「一緒に実施活動を行う日時を決める」ことで、腹が決まるばかりか、実際に一緒に行うことで、それ以上遅れることはありません。後者の場合も、良い中身をつくるために一緒に行うことで、複数の目で内容を点検でき、確実に進められます。

　いずれにしても一緒に行うことで、確実に遅れを取り戻すことができます。いったん発生した遅れは確実に取り戻すことが重要で、ずるずる

と延びるのは良くないのです。また、どんな人にも苦手とすることがあるものです。一緒に行動することで、この苦手部分を克服する体験をすることが大切です。苦手とは、「これまで経験の少ないもの」のことと言え、その多くは「やっていくことでできるようになる」のです。

2 「改善案が良くない」ことがわかった場合の対応

　実際に改善案の実施を進めると、途中で「改善案が良くない」とわかることがあります。それは、改善案に不備があり「実施できない」ケース、実施してみたが「改善効果時間が思ったように出ない」ケースの2つが代表的なものです。これらにはしっかりと対応することが大切です。

①改善案に良くない点があり実施できないケース

　改善案の元々の内容が良くなくて、途中で実施できなくなるケースがまれにあります。たとえば他部署で行ってもらう予定が細部まで話し合ってみたらその部署では行えない理由がわかった場合とか、改善案の実施に必要な費用の方が改善効果より大きい場合、また改善案を実施するとデメリットの大きいことがわかった場合などです。もちろんこれらは当初の改善案の不備であり、その改善案を修正する必要があります。

　改善案の修正が難しい時には、他の案を探すことになります。代わりの案が見つからない場合には、他の業務から改善案を追加して目標の達成をはかります。それでも目標に不足する場合には、チームを挙げて代替案の追加立案を行うことになります（次節参照）。

　いずれにしても元の改善案の不備は、謙虚にこれを認めることが大切です。そのことで最初に何を間違ったのかを認識でき、改善力の向上につなげることができます。まずい点に目をつぶらず事実を直視し、代わりの案を探して目標達成していく姿勢が何より重要です。

②改善効果時間が予定ほど出ないケース

　次に、改善案そのものは実施できたのですが、その改善効果時間が思ったほど出なかった場合です。もちろん改善後の方法にまだ慣れておらず時間がかかる場合もあるため、この場合には慣れた時点で再度、確認します。また改善効果時間がメンバーによって異なる場合もありますが、これは1人ひとりの実際の改善効果時間を集計することになります。改善効果時間がわかりにくい場合には、図表6-3のように具体的に業務の手順ごとにどこが変わったのかの詳細を調べて改善効果時間を確認します。

図表6-3　改善効果時間がわかりにくい場合の点検例

```
<例>
・フォーマット化により「異常が発生したときの対応が早くなる」改善案の場合

（業務の手順）　（改善前手順発生%）（改善前時間）（フォーマットの効果）
・発生の電話がくる　　　　　50%　　　5分　　　電話時間が短くなる（半減）
・発生のメールを読む　　　　80%　　　5分　　　読みやすくなる（半減）（発生100%）
・不明点に悩む　　　　　　　40%　　　5分　　　回数半減、時間半減
・尋ねるべき点をメモする　　20%　　　3分　　　回数半減、時間半減
・電話番号を探す　　　　　　10%　　　1分　　　なくなる
・電話する　　　　　　　　　20%　　　10分　　回数半減、時間半減
・電話後にメモする　　　　　20%　　　3分　　　回数半減、時間半減
　……（以下、略）……
```

⇒このように業務の手順を想起し、「フォーマットがどこに効果があるのか」について判断する。

　このようにして改善効果時間を明確にした結果、当初想定した時間よりも少なくなる場合には、改善効果時間を修正します。もしその結果、全体の改善目標を下回ってしまう場合には、目標を達成するまで代替案を検討していくことになります。いずれにしても改善活動にごまかしがあってはならず、みんなが納得する進め方をしなければなりません。

3 代替案立案の進め方

　改善案を実施できないとか、改善効果時間が当初想定より少ないなどにより、改善目標を達成できない場合には、代替案を探し目標を達成することになります。もし改善案の不備をそのまま放置し目標未達になると、改善への意欲が一気に冷めてしまいかねません。「改善は無限」との信念は、チームにとっても1人ひとりにとっても重要であり、またみんなで合意した目標を達成する習慣を強固にすることは極めて大切であって、目標の達成は不可欠です。

①代替案検討の準備（対象業務とメンバー選定など）

　代替案の検討については、改善効果時間の少なかった業務や実施できなかった改善案の業務がその候補ですが、他に所要時間が大きく改善効果時間の少ない業務についても追加立案するか検討します。対象とする業務が決まったら、代替案を検討するのに誰が適しているのか選びます。それは業務をある程度わかり、改善アイデアを出す意欲・力を持っているメンバーになります（業務担当者とチームリーダーの2人だけのこともあります）。

　こうして検討する業務とメンバーが決まったら、場所・日時を決め、またメンバーに趣旨を説明します。そして対象となる業務の自己業務改善点検表やこれまでの改善案など、参考になる材料に事前に目を通しておきましょう。

②代替案出しの検討会（改善アイデア出し）

　上記①のメンバーが集まり「代替案出しの検討会」を開きます。スタートで目標を達成しなければならない理由を確認し、メンバーみんなで目標達成しようとの気持ちを確認しましょう。

具体的な検討の進め方は自己業務改善点検表などで現状を確認した後、3章の「改善着眼ワークシートの当てはめ」などをディスカッション方式で行いましょう。ブレーンストーミングの規則（3章135ページ）を活用し、どんどん改善アイデアを出し合うのです。みんなが気持ちを1つにし、改善アイデアが見つかるまで知恵を出し合いましょう。改善アイデアが見つかったら、改善案としての有効性と実現性を確認し改善効果時間を推測します。そして目標とする改善時間を生み出せるまで検討しましょう。

　こうして対象とする業務について追加の改善アイデアが見つかったら、それを代表者が改善案にまとめ、業務を担当しているメンバーが改善効果時間を正式に算定します。改善効果時間が目標とする改善時間を上回っていることが不可欠であり、目標に達しない場合は①、②を繰り返し、目標を必達していきます。
　なお、代替案は実施完了期日まで期間があまりないことが多いので、詳細実施事項も早急に検討し、速やかに実施していきましょう。

4 完成報告会（最終確認）

1 完成報告会の準備

　実施状況確認ミーティングとヒヤリングを繰り返し、3ヵ月の期日が来たら（目標を達成している前提で）、完成報告会を開きます。これは一連の活動の総括であり、みんなのこれまでの努力を成果として確認する場であって、しっかりと事前に準備することが大切です。準備内容は以下のようです。

① 1人ひとりの報告の様式

　報告会の中心は、実施してきたみんなからの結果報告になります。そこで1人ひとりに、目標としてきた実施計画とその実施結果（成果）を要約したシートを準備してもらいます。その例は図表6-4の通りです。

図表6-4　完成報告会の報告シートの例

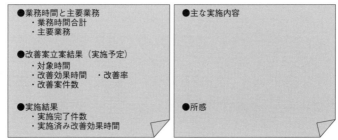

まとめのフォーマット例

- ●フォーマットは各人の主体的なものでよい。以下の視点を含めること。

●業務時間と主要業務 　・業務時間合計 　・主要業務 ●改善案立案結果（実施予定） 　・対象時間 　・改善効果時間　・改善率 　・改善案件数 ●実施結果 　・実施完了件数 　・実施済み改善効果時間	●主な実施内容 ●所感

　シートは図表6-4を統一フォーマットにしてもよいのですが、この

要素を入れてあれば1人ひとりが工夫したものでよいです（主体的な報告が望ましいです）。これまでの改善案立案結果（実施予定の件数と時間）を要約し、実施結果（件数、時間）を報告してもらいます。また主要な実施内容を紹介するとともに、一連の活動を総括して所感を述べてもらうようにします。

②報告会前の相談

　報告会前に1人ひとりに心配点がないかなどヒヤリングすることが大切です。もちろん目標が未達では困るため、念のために期日までに目標を達成できそうか確認しましょう。もし遅れているものがあれば、期日に間に合いそうか、協力・応援できるところはないかなどについて一緒に検討します。

　このヒヤリングも「チェック」ではなく、最終ゴールとして期日に改善をやり遂げた達成感をチームのみんなで分かち合い、また1人ひとりも自ら立案した実施計画をやり遂げることで自信を持ち、改善力を向上してほしいから行うのです。この趣旨を確認し、みんなの達成感づくりや改善力向上のためにヒヤリングしましょう。

③完成報告会に向けたその他の準備

　報告会に向けたその他の準備としては、事務局としての資料準備が必要になります。当初の目的、目標、推進方針、また改善案立案結果の要約、これまでの活動経過などをまとめておきましょう（付録参照）。これらは全員が達成感を持つための基礎資料となります。また報告順と時間の計画も立てておきましょう。報告順はたとえば明るく元気な人からスタートするなど、全体の流れを考えて決めましょう。

　一連の報告後に全体の改善効果時間のまとめを行う準備もしておきます。また、これまでのフォロー活動を振り返って定性的なまとめの準備をしておくなど、最後のまとめ方も考えておくことが望まれます。一通

りの準備ができたらシナリオを点検し、良い雰囲気で進められそうか確認しましょう。なお、進め方の時間計画例は図表6-5の通りです。

図表6-5　完成報告会の時間計画の例

i）これまでの経過　……………………　20〜30分程度
　（当初の目的、目標、推進方針、また立案結果、実施フォローなど、これまでの
　経過を要約する）

ii）改善結果の報告と質疑　………………　1人当たり10分程度
　（報告8分、質疑2分など）

〜休憩〜

iii）全体結果の要約　……………………　5〜10分程度
　（報告の全体集計結果が目標を達成したことを要約）

iv）所感とまとめ　………………………　1人1〜2分程度、要約5〜10分程度

2 完成報告会

完成報告会は、これまでの業務改善活動の最終のまとめになるものであり、みんなの努力の結果を確認し、チームとしての大きな成果を実感する大切な場です。その進め方は①〜③のようになります。

①これまでの経過の要約（事務局）

完成報告会のスタートは、事務局によるこれまでの経過の説明です。当初の推進計画の目的・目標・推進方針などを思い出してもらい、また改善案立案段階が目標を達成したことを思い出してもらいましょう。そしてその実施計画を要約し、これらをみんなの努力で実施してきた経過を説明しましょう。実施状況ヒヤリングと実施状況確認ミーティングを踏まえ本日に至ったことを要約するのです。

これらを通じて、誰一人欠けることなくチームを良くするために努力

してきたことを確認しましょう。この努力の最終結果が本日の報告会であることを伝え、みんなに報告を聞く心構えをしてもらうのです。もちろん報告会はチェックではなく、全体成果をみんなで確認する場であることを共通認識しましょう。

②各メンバーからの報告と質疑

　報告会の主要部分は1人ひとりからの報告と質疑ですが、その目的はみんなの努力してきた結果を確認すること、改善案実施活動の学びをお互いに交流することです。もちろん活発に質疑も行いますが、批判でなく改善の参考になる点を学び合うことがねらいであることを共通認識しましょう。

　1人ひとりは所定のフォーマットもしくは自身の資料や実際の帳票などを使って、実施結果のまとめと主要な実施内容を紹介します。また実施できなかったものがあればその理由と代替案を説明し、改善活動の学びを交流します。そして最後に所感を述べます。1人ひとりの報告ごとに質疑を行い、司会者が「報告の良さ、参考になる点」を要約し、拍手で終えるようにしましょう。

③全体のまとめ

　まとめでは、何よりも全体の改善効果時間を集計し、当初の改善目標を達成していることを確認しましょう。チームの目標をみんなの力で達成したのです。そしてみんなの実施内容の報告から、改善活動として実施完了までの一連の活動を行えたことの素晴らしさを要約しましょう。それは業務改善を「言うだけ」ではなく、実際に効果を出すことまで体験したのであり、自分たち自身の力で大きな時間を生み出したのです。また1人ひとりが「自らが立案し自らの力でやり遂げた」ことの価値はお金に換算できないほど大きいものです。なにしろ自分の業務（ひいては自分の置かれた環境）を自分の力で主体的に変えることができたの

ですから。

　さらに1人ひとりの所感を要約し、重要な学びになった点を確認し、一連の活動で苦労した以上の何倍、何十倍もの価値があったことを認識し合いましょう。そしてこの学びを今後の活動に活かし、より良いチームづくりを今後も行っていくことを合意しましょう。なお、最後にみんなで所感を話し合うのも望ましい進め方です。

　いずれにしても、チーム一丸となって活動してきた結果の「大きな成果」をみんなで実感し、明るい達成感で締めくくりましょう。

付録

実践ミーティングで使う
「テキスト、帳票、記述要領」

以下は、実践ミーティングで使用するテキスト、帳票、記述要領です。これらを参考にしてみなさんのチームで使うものを作成してください。

1. 準備（1 章）

- 「推進計画書」のイメージ例
- 業務体系表

2. 第 1 回実践ミーティング（2 章）

- 進め方の具体的なイメージ（帳票イメージ）
- 業務改善の考え方
- 「業務の見える化」の必要性
- 自己業務改善点検表のフォーマット
- 自己業務改善点検表の記述要領

3. 第 2 回実践ミーティング（3 章）

- これまでの経過
- 業務タイプ別改善着眼、行動形態の改善着眼、流れの改善着眼
- 改善アイデアの事例
- 改善アイデア検討（ディスカッション）のルール

4. 第3回実践ミーティング（4章）

- ・これまでの経過
- ・改善案シート
- ・改善案まとめの意義と改善案シートの記述要領
- ・改善案シートの記述要領（問題点の書き方）
- ・改善案シートの記述要領（改善内容の書き方）
- ・改善案シートの記述例と共通改善案

5. 第4回実践ミーティング（5章）

- ・これまでの経過（全員の努力で改善案立案目標を達成！）
- ・改善案立案結果の報告シート例
- ・実施計画づくり
- ・詳細実施事項の例
- ・スケジュール表のフォーマット

6. 第5回実践ミーティング（6章）

- ・これまでの経過
- ・実施状況確認ミーティングの進め方と運営のルール
- ・「実施遅れ」分析シート
- ・完成報告会の報告シートの例
- ・完成報告会の事務局準備資料（これまでの経過）

資料 1-1 「推進計画書」のイメージ例

※添付例を参考に自チームのものを作成してください。

「業務改善」推進計画書

年　月

「業務改善」推進事務局

はじめに

"○○"へ向けて

　私たちは"○○として誇りあるチーム"への新たな出発をしたいと考えています。

　本業務改善活動はこのために、まず現状業務時間を削減するものです。
　業務改善により短時間で確実に業務遂行できるようにすることで、みんなの健康を確保する(早く帰れる)とともに、誇りある○○に向けた戦略活動への時間を生み出すのです。

　この業務改善活動は全員が自分自身のこととして責任を持って推進するものであり、ここに「推進計画書」をとりまとめ、業務改善活動への「不退転の決意」とします。

　みんなで協力し合って、チーム全員の幸せに向けて活動していきましょう。

　　　　　　　　「業務改善」推進事務局
　　　　　　　　　　責任者：チームリーダー　　　○○　○○
　　　　　　　　　　改善スタッフ　　　　　　　　○○　○○

　　　　　　　　　　メンバー　　　　　　　　　　○○　○○
　　　　　　　　　　　　　　　　　　　　　　　　○○　○○
　　　　　　　　　　　　　　　　　　　　　　　　○○　○○
　　　　　　　　　　　　　　　　　　　　　　　　○○　○○
　　　　　　　　　　　　　　　　　　　　　　　　○○　○○
　　　　　　　　　　　　　　　　　　　　　　　　○○　○○

1．業務改善に取り組む背景〜今なぜ業務改善なのか〜

（1）みんなの健康確保（早く帰れるようにする）

- 私たち全員の幸せが何よりも大切であり、そのために一刻も早く今の忙しさを解消し、何としても早く帰れるようにしたいのです（もし今のままで誰かが病気にでもなれば、それこそ一大事です）。
- そこで、早急にみんなの力で現状業務時間の 30％を削減し、早く帰れるようにしていきましょう。

（2）○○戦略実現で誇りある○○へ

- 同時に、生み出した時間（早く帰れるようにした後の時間）を活かして、○○戦略を実現し、社会に誇れる○○の貢献をしていきます。
- なお、○○戦略実現により、先々も早く帰れる体制構築に必要な原資（利益）も確保していきます。

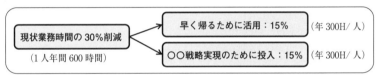

2．業務改善の目的

残業削減（早く帰れるようにする）

○○戦略実践（誇りある○○づくり）

〜みんなの健康と誇りある○○のために、現状の業務時間を 30%改善（削減）していきます〜

1人ひとりが病気になっては元も子もありません。そこでまず健康確保のためにも時間を生み出します。同時に○○戦略を実現するためには時間を投入しなければなりません。

今回は30%を改善（削減）し、まず半分の15%で健康を確保し（そのために仕事の分担も見直します）、後の 15%で私たちの誇りである○○実現に向けて、○○戦略を実践していきます。

もちろん○○戦略は急には実現しませんが、確実に前進するように取り組んでいくのです。なお投入時間が不足する場合には、第2弾の効率化（本格的な情報システム化など）も検討していきます。

3. 業務改善の目標

> 現状業務の効率化（時間削減） **30%**

・チーム内の全業務を棚卸しして、その所要時間を分母とし、各業務に改善案を検討して「30%」ラクにする改善案を見つけ、これを実施していきます。

＜具体的には＞

> ◆年間 2000 時間／1 人とすれば各人 600 時間削減

・価値の小さい業務の廃止や削減、目的に応じたよりラクな方法への改善、例外の改善、標準化、情報システム化、教育、スキル向上、権限委譲、分担変更、などにより現状業務時間を効率化（削減）します。

> (注) 追加費用を発生させる「外注先へ仕事を出す案」は今回の目標 30%には含めません。
>
> (注) 具体的な教育の仕組みやツール活用などの工夫を伴わないスキル向上の案は改善案ではありません（労働強化となるため）。

4. 推進方針 （取り組み姿勢）

今回の活動は次の 3 点を推進方針として進めていきます。

(1) 目標必達

> 業務改善活動は"目標必達"で進めます。私たちの健康と○○戦略を何としても実現していくためには、業務改善目標を必達しなければなりません。

> (注)「できる、できない」ではなく、「必達のためには何の克服が必要か」との姿勢で改善案を追求していきます。チームとして「できるまでやり抜く」との姿勢を貫くことで、困難に打ち勝つ我がチームの素晴らしさを強化していきます。

(2) 全員チャレンジ

> 私たちみんなの健康を確保し、誇りある○○にしていくのは特定の誰かの課題ではありません。チーム全員の努力によって初めて可能になります。

> (注) みんなが誇りある○○に向けた活動を実践していくことで、その途中においても目標を持ち、前進の充実感を味わいながら進めていきます。

(3) 全員協力

> 「目標を必達する」ためには、全員の協力が不可欠です。1 人の力では難しいこともみんなが協力し合うことで実現できます（改善アイデア出しのディスカッションなど）。

> (注) 協力し合う過程でみんながより深く理解し合い、すばらしい仲間と働く充実感をより大きくしていきます。

5. 対象

チーム内の全業務

・ただし、組合業務、安全衛生行事、健康診断、年末・年始行事、全社教育参加の時間は対象外とします。

6. 体制と役割

今回はチームリーダーの率先垂範のもと、チーム全員が積極的に参加して進めます。

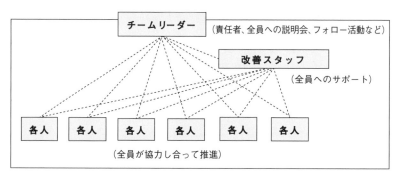

＜役割（具体的な行うこと）＞

●チームリーダー：業務改善の責任者
・実践ミーティングの準備とその実施
・フォロー活動の実施とみんなへのサポート
・自己業務についての改善案の完成と実施（先行して行ったものを補足）

●改善スタッフ：チームリーダーと一体となったサポート
・チームリーダーの応援（実践ミーティング、フォロー活動）
・みんなへのサポート
・自己業務についての改善案の完成と実施（先行して行ったものを補足）

●メンバー全員：積極的な改善活動の実践
・自己業務の見える化
・自己業務の改善アイデア出しと改善案まとめ
・改善案の実施計画づくりとその実施
・実践ミーティングとフォロー活動への積極的な参加、全員協力

7. 推進手順と日程

具体的な進め方の内容は都度、説明していきますが、今回活動の概略手順は次の通りです。（詳細な日程は都度、案内していきます）

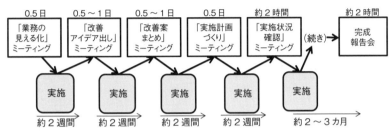

(注)改善のアイデアを出して(第2ステップ)、点検した上で改善案にまとめます(第3ステップ)。

＜実践ミーティング(各ステップとも)＞
・チームリーダーによる内容の説明
・質疑応答(内容理解)
・実習(相談し合って実際に行う)
※残った分はチーム(職場)に持ち帰って、次回までの宿題となります
　(この分は次回の実践ミーティングで確認します)

＜実施、応援＞
・各人が上記実践ミーティングで残った分につき、引き続いて実施します
・1人ひとりの実施状況について困ったことが発生していないかフォロー活動を行います
　(フォロー活動はチェックではなく、困ったことがあれば協力・応援するものです。チームリーダーと改善スタッフが先に実施しているので、分担して協力・応援します)

＜実施状況確認ミーティングと完成報告会＞
・実施状況確認ミーティングは3ヵ月の間、2週間ごとに行う予定です
・改善案が立案できた後、実施は3ヵ月内に完了し、完成報告会で報告します

(注)「○○戦略」実践の進め方、業務の応援体制づくりなどについては、別途企画していきます。

8. 注意点

みんなで次の点に注意して進めましょう。

（1）批判厳禁……今回活動はみんなのために行うものであり、批判は禁止です。
（2）時間厳守……ミーティングなどの時間は守ります（1人が遅れるとみんなが迷惑します）。
（3）「できない」は禁句……「やる」と決めた以上、「改善できない、難しい」の弱気な
　　　　　　　　　　　　　　言葉は禁句です。

資料 1-2　業務体系表

※下記シートの業務体系表を作成してください。

業務体系表						
業　務　分　類						備考
No.	大分類	No.	中分類	No.	小分類	

（日本能率協会コンサルティングの資料引用）

資料 2-1　進め方の具体的なイメージ（帳票イメージ）

<業務改善手法を今回は選択>

- ●情報 (ICT) 系のもの…………………自チームでは難しい、お金がかかる（業務改善の中で発見され、採算に合うものは採用）。
- ●人系（人側面を主とする）のもの…アウトソーシング、シェアードサービスは自チームでは難しい。
  - …………………………………………管理系の手法（定員管理、時間管理など）は 30％の効果が難しい。
- ●改善系のもの…………………………BPR(ビジネスプロセスリエンジニアリング) や組織機能の見直しは自チームでは難しい。
  - …………………………………………行動形態の改善手法は 30％の効果が難しい。

⇒業務改善手法（総点検方式）を選択（BPR、行動形態の改善着眼は取り込む）

※下記のイメージの帳票について、実際の例を準備してください。

<自己業務改善点検表のイメージ例>　～自チームの例を数枚添付してください。

	業務分類				業務の内容	業務の流れ		当業務の発生頻度				当業務の所要時間				作成資料	問題点／改善アイデア
	大分類	中分類	小分類		（内容・処理の仕方を具体的に）	誰/どこ	誰/どこ	日	週	月	年	件数	最長	最短	平均	合計時間	(伝票・台帳 実績表等)	(困る事、気付いたアイデア等 できるだけ多く記入する)
No.		No.	No.			から	へ					(A)			(B)	(A×B)		
1	部署運営	1 意思疎通・課題解決	1	課内会議	毎週、みんなが集まり約2時間かけて、伝達事項を伝えるとともに、課内での決める事をみんなで決める。また運営上の課題がある時は、話し合い、より良い課の運営にしていく。	課長	全員			1		50	180	90	120	100	会議議事録	雑談となることがある。
7	〈他の例〉 内部事務 (営業系)	1 企画書作成	1	ヒアリング	営業の仲間に類似のような話のあった人に話を聞いてみる（グループ内と関連チームのリーダークラス、同期）。	仲間	自分			2		24	90	10	30	12	メモ	誰にどういう経験があるのかわからない。一番詳しい○○さんに遠慮しがち→△さんに紹介してもらう。
			2	情報収集	類似ケースの企画書を仲間から収集した上で、企画書過去の良い事例を抜き出す。また、必要なデータを収集する。	仲間	自分			2		24	120	10	45	18	企画書素案	企画書の良いサンプルがない。
			3	素案作成	収集したデータを加工し、過去のパターンを参考にして文章化する。途中で悩んだときには仲間に相談する。	自分	自分			1		50	180	30	90	75	企画書素案	文章作成の時間がかかる。→例文集を多く集める。文章力向上。

所属　氏名　　　　　　　　年 月 日作成

自己業務改善点検表

<改善着眼ワークシートのイメージ例>　～適宜わかりやすいサンプルを添付してください。

区分		チェック視点	改善アイデアのメモ
会議の改善着眼	伝達議題	□参加者に必要な議題にもっと絞り込めないか □単なる紹介程度のものはメールや資料配布にできないか □全員にかかわらないものは後での個別説明にできないか □うまく伝わったか確認する計画を立てているか □説明の要点を確認し、短く話しているか □会議案内で時間枠を決めているか	
	意思決定議題	□もっと権限委譲できないか（重要議題のみにする） □根回しの済んでいる形だけの議題はやめられないか □政治的な発言をしないような習慣を日頃からつくっているか □もっと意思決定に適した資料を準備できないか □討議体質・ルールをもっとうまく構築できないか、強化できないか	

<改善案シートのイメージ例>　～自チームの例を数枚添付してください。

改善着眼点メモ／改善計画明細書

改善テーマ	問題点	改善内容	改善効果
課内会議の簡素化	課内会議は、課のスムーズな運営のために全員で毎週2時間開催するが、重要な案件のないときも2時間かけているので、雑談となっていることが半分程度ある。	A案）2週間に一度とする。　　緊急なときは臨時開催 B案）重要な案件のない場合は30分で終えることとする。	○時間

資料 2-2　業務改善の考え方

※下記の「業務改善の考え方」を参考に、話しやすいように手入れしてください。

①業務改善とは「より良くする」こと

・悪いから直すのではなく、より良くすること。機会損失をなくす。

②業務改善とは「本来業務」であり、改善力を付けること

・改善は本来行うべき業務、よってその力を付けること。

> A：業務 ＝ 遂行
> B：業務 ＝ 遂行 ＋ 改善
> C：業務 ＝ 改善 ＋ 遂行

③業務改善とは「多角的に考える」こと

・業務はやることでなく、目的を達成することと理解することで、多くの方法に
気が付く。各種の視点から多角的に考える。

④業務改善とは「これまでと次元の違う発想にも挑戦する」こと

・目的を変えてみることで、多くの方法に気が付く。
・考え抜くことで、これまでと違う発想に気が付く体験をする。

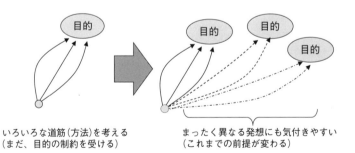

いろいろな道筋（方法）を考える
（まだ、目的の制約を受ける）

まったく異なる発想にも気付きやすい
（これまでの前提が変わる）

資料 2-3 「業務の見える化」の必要性

① 「異なる視点」から検討できる

●これまでと異なる視点から（多角的に）考えるから、改善アイデアが見つかる。

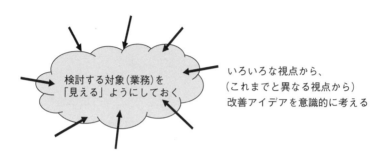

検討する対象（業務）を
「見える」ようにしておく

いろいろな視点から、
（これまでと異なる視点から）
改善アイデアを意識的に考える

②改善アイデアが出ていないときに「対策を打てる」ようにする
～改善の成功のためには、改善アイデアが出ていない時に、手を打てることが必須～

●同じ業務、類似業務、前後の業務などとの比較（時間、方法、問題点など）。

●「見えるもの」があると、他の人が応援しやすい。

●「見えるもの」があると、何度も集中して考えやすい。

③改善効果の測定、改善案の出具合の点検ができる

●業務の所要時間は改善効果測定に必須。

●業務の時間がわかると、改善の重点（どの業務にどのくらいの改善が必要かなど）
をつかみやすい。

●中間で改善案（改善アイデア）の出具合を点検でき、今後の重点がわかる。

資料 2-4　自己業務改善点検表のフォーマット

※フォーマットには自社のケースでの計算式を入れます（発生頻度、所要時間）。

自己業務改善点検表

所属 _____
氏名 _____

年　月　日作成
_____

業務分類			業務の内容	業務の流れ	当業務の発生頻度				当業務の所要時間				作成資料	問題点／改善アイデア
大分類 No.	中分類 No.	小分類 No.	（内容・処理の仕方を具体的に）	誰／どこ 誰／どこ から　へ	年	月	週	日	件数 (A)	最長	最短	平均	合計時間 (B)(A×B)	（伝票・台帳 実績表等）	（困る事、気付いたアイデア等 できるだけ多く記入する）

(日本能率協会コンサルティングの資料引用)

資料 2-5　自己業務改善点検表の記述要領（1 ／ 2）

※記述要領を配布してください（空欄に自チームのデータを入れてください）。

（1）自己業務改善点検表とは
・自己業務改善点検表とは、業務の改善アイデアを出すために、各人が自分の業務についてその具体的内容や時間等を記述するとともに、自ら点検し改善アイデアを考えるもの。

（2）記述の目的
・1人ひとりが自分の業務の改善アイデアを考えていくことに役立てるとともに、組織として改善アイデアを検討していくことに役立てる。

（3）記述者
・自己業務改善点検表は業務改善活動の対象者全員が記述する。

（4）記述の対象範囲
・業務体系表を見て、自分の担当している業務についてすべて記述する（自分の全業務を記述する）。
　（なお、担当している業務が業務体系表に漏れている場合にはチームリーダーに連絡すること）

（5）記述の対象期間
・自己業務改善点検表は、自分の1年間の業務について漏れなく書く（1年に1回の業務も書くこと）。
　（今回は、○○年○月～○○年○月の期間について記述）
　（注）途中で人事異動や業務分担に変更のあった人は相談すること。

（6）記述の留意点
・目的は現状を改善していくことであり、今行っている実態を記述する（理想、本来、で書かない）。
・自己業務改善点検表の記述枚数が少ないと改善アイデアを見つけにくい。記述枚数は10枚を目安にする。
・単に業務を記述するにとどめず、改善アイデアまで検討し、メモする。
・次回のミーティングで使うため、必ずそれまでに完成しておく（見せ合ったり、協力し合って可）。

（7）年間合計時間の点検
・記述が完成したら、自分が見積もった（記述した）年間合計時間が、年間勤務時間に照らして妥当かどうかを確認する（厳密に合わなくとも、±5～10%程度の差はよい）。

見積もった（記述した） 年間合計時間	⟷	年間勤務時間＝年間所定時間＋年間残業時間 　　　　　　　－年間休暇日数×○時間／日

（日本能率協会コンサルティングの研修テキストより引用し一部変更）

自己業務改善点検表					所属												
					氏名											年　月　日作成	

業務分類			業務の内容	業務の流れ		当業務の発生頻度					当業務の所要時間				作成資料	問題点／改善アイデア
大分類 No.	中分類 No.	小分類 No.	（内容・処理の仕方を具体的に）	誰/どこから	誰/どこへ	日	週	月	年	件数 (A)	最長	最短	平均 (B)	合計時間 (A×B)	（伝票・台帳 実績表等）	（困る事、気付いたアイデア等 できるだけ多く記入する）
1 内部事業（営業系）	1 企画書作成	1 ヒアリング	営業の仲間に類似ケースが過去にあったかを聞いてみる（グループ内と関連チームのリーダークラス、同規）。	仲間	自分				2	24	90	10	30	12	メモ	誰にどういう経験があるのかわからない。一番詳しい○○さんに遠慮しがち→△さんに紹介してもらう。
		2 情報収集	類似ケースの企画書を仲間から収集した上で、企画書の過去の良い事例を抜き出す。また、必要なデータを収集する。	仲間	自分				2	24	120	10	45	18		企画書の良いサンプルがない。
		3 素案作成	収集したデータを加工し、また過去のパターンを参考にして文章化する。途中で悩んだときには仲間に相談する。	自分	自分				1	50	180	30	90	75	企画書素案	文章作成の時間がかかる。→例文集を多く集める。文章力向上。

業務体系表を見て、自分の担当している業務を体系表の表現の通りに記述する。

業務体系表の小分類の内容・処理の仕方をわかりやすく記述する（実際に遂行している通りに記述する。また小分類名よりも詳しい中身を記述する）。

誰から誰へ、どこからどこへ、氏名または部署名を書く（業務の相手が自分のこともある）。

その業務が、日、週、月、年に何件発生するのか、その平均発生件数を記述する（いずれかの欄のみに記述する）。

その業務の1件当たりの処理時間を分単位で記述する（平均は最長と最短の単純平均でなく加重平均）。

伝票、台帳、報告書等、業務を遂行する際に作成する資料名を記述する。

気が付いた問題点、改善アイデアをできる限り多く記述する。

資料 3-1　これまでの経過

※第1回実践ミーティングの要約例です。適宜、実際のケースに合わせて作成してください。

（1）推進計画書の要約

目　的

残業削減（早く帰れるようにする）

○○戦略実践（誇りある○○づくり）

～みんなの健康と誇りある○○のために、現状の業務時間を30％改善（削減）していきます～

1人ひとりが病気になっては元も子もありません。そこでまず健康確保のためにも時間を生み出します。同時に○○戦略を実現するためには時間を投入しなければなりません。

今回は30％を改善（削減）し、まず半分の15％で健康を確保し（そのために仕事の分担も見直します）、後の15％で私たちの誇りである○○実現に向けて、○○戦略を実践していきます。

目　標

現状業務の効率化（時間削減）	30％

推進方針

①目標必達……私たちの健康と○○戦略実現のために目標は必達します。
②全員チャレンジ…健康確保と誇りある○○のために全員がチャレンジします。
③全員協力……チームのみんなが協力し合って進めていきます。

（2）これまでの経過

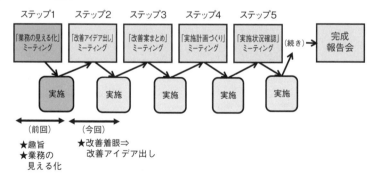

資料 3-2　業務タイプ別改善着眼、行動形態の改善着眼、流れの改善着眼

※改善着眼の資料です。自チームの業務特性を踏まえて重点を決め、作成してください。

（1）3つの業務タイプ

基本業務タイプ
（基本業務）
・目的の見直しは重要でなく、最適な方法を追求するもの
（受注、調達、出荷などの経営の基本的な活動となる業務、会計伝票処理などのように法律で決められている業務などの必ず行う業務）

管理業務タイプ
（管理業務）
・目的そのものの見直しが重要で、目的と方法の両方を見直すもの
（予算管理や業績管理などのより良くするための業務、各種の会議や報告書などの多くも該当する）

専門業務タイプ
（専門業務）
・業務の具体的な内訳としての個別活動の目的や方法が事前に決まっておらず、相手や状況に応じて都度決めていくもの
（やり方の決まっていないプロジェクト業務、新しい開発などの都度やり方を決めていく業務）

（2）基本業務の改善着眼

区分		チェック視点など		
例外改善	① 例外の把握	**＜前工程＞** ☐提出忘れ ☐期日に遅れる ☐記入ミス ☐添付ミス ☐空欄（記入なし） ☐読めない ☐ルール違反 ☐個別要請がある ☐質問が書かれている ☐その他	**＜自工程＞** ☐判断できない ☐間違う ☐処理停滞 ☐参考資料がない ☐その他	**＜後工程＞** ☐不在（処理停滞） ☐異例な要請 ☐問い合わせ ☐その他
	② 焦点化 ③ 原因分析	（例外）　（焦点化）　（1次原因）　（2次原因）　（改善案）		

方法改善

＜作業者工程分析＞
☐工程（一連の行為）を細かく、作業、運搬、検査、遅れ（停滞）、貯蔵（保管）に分けて点検したか
☐作業はもっとも効率的で、道具、環境はよいか
☐運搬はやめられないか、自動化できないか、もっとラクにできないか
☐検査はやめられないか、重複していないか、基準はよいか、もっとラクにできないか
☐停滞は計画的なものか、なくせないか、もっと計画的にできないか
☐保管はやめられないか、減らせないか、ラクにできないか、場所、道具を工夫できないか

＜動作経済の視点＞
☐両手は同時に左右対称に使っているか
☐手や身体の動きはできる限り少なくしているか、滑らかに、リズムよくできるようにしているか
☐注視の回数を少なくできないか、注視の間隔を短くできないか
☐道具類はできる限り近くに位置を決めて置いているか
☐椅子、机、照明、環境は、もっとラクなようにできているか
☐身体の動きを少なくするように設備や道具を工夫できないか

機械化

☐発生元、即時、ダイレクトでインプットできないか
☐要求元、随時、ノー加工（加工なし）でアウトプット（活用）できないか
☐発生元、即時、ダイレクトでのインプットを実現する条件は何か、その対策は何か
☐発生元、即時、ダイレクトにできるケースと、できないケースを分けられないか
☐できないケースの次善のやり方は何か
☐できないケースの原因を分析して改善できないか

（3）管理業務の改善着眼

区分		チェック視点	「誰」「アクション」などのメモ	改善アイデアのメモ
やめる・任せる	誰	誰のための仕事か、誰が困るのか------------▶（誰） □誰を絞ったら □理想の人だとどうなる		
	アクション	やめると何が困る、その人がとっている --------▶（困ること、アクション） 具体的なアクションは何か □それは、経営上の困ることか、利益が減るか □その人のさらに先の人（直接の相手の先）は何が 　困るのか □困ることに絞り込むと、どうなる		
	任せる	自主化したら、本人がやれないか、-----------▶（任せた時の心配点） 任せられないか（任せた時の心配点は？） □業務をやめるのであり機能は残る（任せる）、他のも 　ので代替できないか、類似のもので我慢できないか □一部分で我慢できないか □指導・育成して任せられないか □工夫して任せられないか、7～8割くらいで任せ 　られないか		
減らす	絞り込む	成果は出ているか、方法は過剰でないか -------▶（根幹項目に絞り、 （根幹となる成果項目に絞った時の心配点は？）　　他の目標を下げる） □どうしても任せられない部分に絞る □今、出ている成果は何か、成果＞コストか □根幹となる成果項目以外の目標を下げたら □減らしたときの損失は何か		
	事後管理減	事後の管理になっていないか----------------▶（即時管理にする） □即時（自主）管理に変えられないか □事後管理部分を減らせないか □事後は結果のみで、原因は本人が分析するように 　できないか		
方法改善	目的・目標変更	目的・目標を意図的に変えて各種の方法を考える--▶（目的・目標の変更案） □目的・目標を意図的に変えたらどうか □その時の方法を各種考えたか □もっとも良い方法は何か		
	短時間化	短時間にする方法を検討する----------------▶（簡単にする、ラクにす □短時間化の方法を何度も考えたか　　　　　　　　　る、機械化する） □半分で行うと枠をはめて考えたらどうなるか □例外を改善できないか □作業部分を改善できないか 　（作業者工程分析、動作経済の原則） □機械化できないか（発生元、即時、ダイレクト）		

（4）専門業務の改善着眼

区分		チェック視点	改善アイデアのメモ
非専門部分の改善着眼	管理部分の削減（任せる）	□管理部分は任せられないか（本人が一番詳しい） □管理の会議を少なくできないか、必要に応じて一度に行えないか □報告書をやめ、必要な時に聞けないか □定期報告は簡単にできないか	
	情報収集・作業部分の応援	□現場情報の収集は、現場の人にもっと応援してもらえないか □現場情報を収集しやすい体制をつくれないか □作業部分は計画時点から、応援体制をもっと計画できないか	
	資料類の整備	□ひな形を整備しているか 　（契約書、提案書、見積書、証明書、報告書、稟議書、企画書、取扱書、説明書、設計書、手順書、図面など） □事例を集めているか（同上） □参考資料を整備しているか 　（試験結果、分析報告書、研究報告書、調査レポートなど）	
専門部分の改善着眼	意思決定の迅速化	□意思決定は役員会議でなく、プロジェクトに権限委譲できないか □担当役員決裁をもっとプロジェクトに任せられないか □計画を充実し、役員了承の頻度を減らせないか □必要な意思決定は、事前説明をもっとうまくできないか	
	専門力を活かすスケジュール	□専門力活用のピークとオフを組み合わせられないか □組織の期間区切り（年、期）による手待ちを減らせないか □もっと個別計画の手待ちをなくせないか □個別の遅れの影響を受けないように、合流のゆとりを持っているか	
	プロジェクト業務の企画と運営の改善	□趣旨浸透はよいか（本気でのやる気） □体制と役割は充実できているか □目標を明確にし、進捗把握の仕組みをつくっているか □情報を早期に収集しているか □進度に合わせ、実施事項を詳細にブレイクダウンしているか □スケジュールをきめ細かにし、中間で点検しているか	
目的・方法を決めるプロセスの工夫	管理業務の改善着眼	□やめられないか、任せられないか □減らせないか、絞り込めないか □目的・目標を変えて考えてみる □半分の時間で行えないか、もっと短時間でできないか	（チェックリスト化、ルール化する）
	基本業務の改善着眼	□もっとスムーズにできないか □業務の内訳（手順）にムダはないか、なくせないか □動作を効率的にできないか □もっと機械化（情報システム化）できないか	（チェックリスト化、ルール化する）
	行動形態の改善着眼	□会議、打ち合わせを効率的にできないか □資料作成を効率的にできないか □電話、メールを効率的にできないか □資料読みを効率的にできないか	（チェックリスト化、ルール化する）
その他	繰り返す場合のノウハウの蓄積	□少しでも繰り返し性のあるものは、事例として残しているか □各種資料、手順、ツール、ルール、スケジュール、注意点などを残しているか □類似プロジェクトの発生に備え、次回への教訓をまとめているか	

（5）行動形態の改善着眼（1／2）

区分		チェック視点	改善アイデアのメモ
会議の改善着眼	伝達議題	□参加者に必要な議題にもっと絞り込めないか □単なる紹介程度のものはメールや資料配布にできないか □全員にかかわらないものは後での個別説明にできないか □うまく伝わったか確認する計画を立てているか □説明の要点を確認し、短く話しているか □会議案内で時間枠を決めているか	
	意思決定議題	□もっと権限委譲できないか（重要議題のみにする） □根回しの済んでいる形だけの議題はやめられないか □政治的な発言をしないような習慣を日頃からつくっているか □もっと意思決定に適した資料を準備できないか □討議体質・ルールをもっとうまく構築できないか、強化できないか	
	問題解決（アイデア出し）議題	□メンバーはアイデアを出す意欲のある人に絞れないか □後での根回しのためのメンバーは外せないか □事前準備してこないメンバーは外せないか □アイデアを出す刺激となる資料を準備しているか □アイデアゼネレーションの運営ルールを明確にしているか	
資料作成の改善着眼	定形資料	□誰がどう使っているのかを検討し、やめられないか 　（他のもので代用、口頭にする、権限委譲など） □報告の頻度を絞れないか、まとめて行えないか □項目を見直し、必要な項目に絞り込めないか □詳しい文章をやめ、データ中心にできないか □元データのままにし、加工をやめられないか □文章を書かなくてもよいチェック方式にできないか □箇条書きにし、文章をパターン化できないか □レポート類など、すぐ作成する習慣にできないか □日常から気付いた時にメモしているか □時間枠を決めて集中して作成できないか	
	非定形の意思決定資料	□箇条書きを基本とし、修飾表現をなくせないか □代替案を比較形式で示しているか □予測結果は客観的に示し、評価基準も示しているか □予測のあやふやな点を明記しているか □デメリットや心配点は示しているか □データは客観的に取り扱い、また根拠を示しているか □参考になる良い事例を集めてあるか	
	非定形の問題解決資料	□意欲が湧くようにテーマの目的・目標を明確に示しているか □問題解決の手順を示し、今回検討の範囲を明確に示しているか □問題解決の取り組み方針、条件などを明確にしているか □現物、現状データ、問題点などアイデア出しの材料を示しているか □刺激になるアイデアの例や視点を示しているか □資料の美しさは不要で、発想の参考になるものを多く示しているか □長い文章はやめ、箇条書きを基本にしているか	

（5）行動形態の改善着眼（2／2）

区分		チェック視点	改善アイデアのメモ
電話の改善着眼	発生を減らす	□問い合わせや依頼を元からなくせないか □取次ぎをなくせないか □重要でない確認などの電話はやめられないか □急ぎでない件はメールにしてもらえないか □伝言はやめ、留守電（携帯）に入れているか	
	短時間化	□こちらからの電話は要点をメモしてからかけているか □長くなる話は、資料を送付するなどしてから電話しているか □長い話はいったん切り、メールで論点を整理するなどしているか □時間枠を決めておき、それを超えるときはいったん切っているか □長くなりそうな重要な内容のものは、直接会った方が早くないか	
	周辺ロス時間の削減	□業務を中断させないように時間帯や場所を工夫できないか □業務の中断になる折り返し電話はやめられないか □スムーズに電話できるように、相手の状況を把握しているか □業務を中断させないように、メールに変えられないか □日ごろから相手と良い関係をつくっているか	
メールの改善着眼	減らす	□私用のメールはやめられないか □「CC（参考）」を廃止できないか □単なる挨拶や確認だけのメールはやめられないか □会議案内、通達以外の「複数人あて」は、必要最小限にできないか □「お知らせ」などは重要案件のみにし、他は掲示板にできないか	
	作成の短時間化	□用件のみにしているか（挨拶部分などをやめる） □箇条書きにしているか □トータルの文字数を決めているか（制限する） □文例を準備しておけないか、点検チェックリストをつくってあるか □メールの文章が長くなるものは電話にできないか	
	受信メールの迅速対処	□可能な限り即時判断し、迅速に処理しているか □迷う回答、長文になる回答は電話の方が早くないか □判断に迷うものは一時保留にし、別途機会に対処できないか □メールを見る「時間帯」を決められないか □メール対処の「時間枠」（目標時間）を決めているか	
資料読みの改善着眼	目的が明確な場合	□読むべきものを集めておき、一気に集中して読んでいるか □資料読みの日や時間帯を決めているか □集中できる場所を確保し邪魔の入らないようにしているか □視点を決めてどんどんメモし、一気に集中して整理しているか □目標時間を決めて、意識して集中しているか	
	目的が不明確な場合	□調べる目的を話し合い、言葉にしてみているか（仮にでも決める） □上記を専門家に話してみて、確認しているか □専門家にその分野の概要を聞いているか（何を調べるとよいか） □専門家にすぐ相談できないときは、一気に全体概要を調べているか □調べた概要と仮決定した目的を一定時期に確認しているか □継続的に調査する場合には、媒体を絞り分担しているか	

（6）流れの改善着眼

区分		チェック視点	改善アイデアのメモ
流れの改善着眼	流れを図示して検討する改善着眼	□流れ全体の目的は何か、やめたら何が困るのか □困ることから明らかになった目的に貢献していない部分はないか □流れの個々の要素は流れの目的に対して役立っているか □流れの中で重複や類似した帳票・作業・点検・保管はないか □流れはシンプルでスムーズか、停滞することや停滞する部分はないか □流れの個々の要素はムダがなく効率的に行われているか 　□帳票がないと何が困るのか、代わりになるものはないか 　□帳票はもっと簡素にできないか 　□帳票をもっとラクに作成できないか、自動で作成できないか 　□作業をやめると何が困るのか 　□作業で不便なことはないか、例外はないか 　□作業は間違うことなく、ラクにできるか 　□作業は自動化できないか 　□点検がないとどこを間違えるのか、どうしたらよいか 　□点検の基準は客観的なもので、間違えないものか 　□点検を重複して行っていないか 　□意味のない印鑑ではないか 　□転記の意味は何か、やめられないか、元資料を活用できないか 　□転記を減らせないか、一部にできないか、もっと効率的にできないか 　□保管は必要なものか 　□保管は重複していないか、他部署でも保管していないか 　□もっと効率的な保管の方法はないか	
	BPRの視点（M・ハマー&J・チャンピー）	□仕事をくくれ（Several jobs are combined into one） □全権限をおろせ（Workers make decisions） □並行処理せよ 　（The steps in the process are performed in a natural order） 　（Reengineering processes are freed from the tyranny of 　straight-line sequence） □ケース区分せよ（Processes have multiple versions） □最適場所で行え 　（Work is performed where it makes the most sense） □ノーチェックにしろ（Checks and controls are reduced） □調整をなくせ（Reconciliation is minimized） □1人で顧客に全責任を負え 　（A case manager provides a single point of contact） □集権化と分権化の組み合わせメリットを探せ 　（Hybrid centralized/decentralized operations are prevalent）	
	流れ全体を抜本的に見直す4つの発想視点	□顧客ニーズに特化し、ニーズから見た理想のプロセスにできないか □理想のインプットだと理想のプロセスにできないか □理想のインプットにもっていけないか、工夫できないか □理想のインプットとそうでないケースでプロセスを分けられないか □流れの前提にしているパラダイム（価値観）を逆転して設計できないか □発生元、即時、ダイレクト、インプットにできないか □要求元、随時、ノー加工（加工なし）、アウトプットにできないか	

（流れの個々の要素の改善着眼については日本能率協会コンサルティングの研修テキスト（図表3-9）を要約している）

資料 3-3　改善アイデアの事例

※改善着眼が形式的な説明にならないように、チームリーダー・改善スタッフの実際の例を添付してください。（プロジェクター映写も可）

＜改善アイデアの例（サンプル）＞

改善テーマ	問題点	改善内容	改善効果
○○書類の記入例づくり	○○書類については本人が直接記入するが、○○部分についての記入例がないので、○○のミスが毎月○件発生している。	○○部分についての記入例を作成し、わかりやすくする。	○時間

改善テーマ	問題点	改善内容	改善効果
○○報告書の絞り込み	○○報告書はリーダーからのアドバイスをもらうために作成しているが、アドバイスの必要がないケースも詳しく書くので、時間をとられている。	リーダーへの報告は特にアドバイスをほしいものに絞り、他の件は簡潔に1〜2行程度にする。	○時間

改善テーマ	問題点	改善内容	改善効果
○○データ収集の協力依頼	○○データは△△に不可欠だが、現場に行き、管理者に説明し、現場の邪魔にならないように気を遣いながら収集しているので、時間がかかっている。	当初よりわかっている○○データについては、初期から現場管理者用の資料をつくり、趣旨を説明した上で収集を依頼しておく。	○時間

改善テーマ	問題点	改善内容	改善効果
課内会議の簡素化	課内会議は、課のスムーズな運営のために全員で毎週2時間開催されるが、重要な案件のないときも2時間かけているので、雑談となっていることが半分程度ある。	A案）2週間に一度とする。（重要なときは臨時開催） B案）重要な案件のない場合は30分で終えることとする。	○時間

改善テーマ	問題点	改善内容	改善効果
○○資料の転用化	○○業務は○部門で○○作業を行っている。この結果作成される△資料と自部門の○○資料は類似しているが再度一から作成しているので、時間がかかっている。	○部門の△資料をデータで転送してもらい、これに追加欄を設ける。 （○部門のフォーマットに当初より欄をつくっておいてもらう）	○時間

資料 3-4　改善アイデア検討（ディスカッション）のルール

※改善着眼をディスカッションするときには、次のブレーンストーミングの規則を遵守してください。

＜ブレーンストーミングの規則＞

1. 突拍子もないアイデアを出す	（突拍子もなく）
2. アイデアを批判しない	（批判せず）
3. 量を多く出す	（量多く）
4. アイデアを結合・改良して出す	（結合・改良して）

（アレックス・F・オスボーン著／豊田晃訳『創造力を生かす(新装版)』創元社、2008年より表現を一部修正して引用）

資料 4-1　これまでの経過

※これまでの経過の要約例です。適宜、実際のケースに合わせて作成してください。

（1）推進計画書の要約

目　的

> **残業削減（早く帰れるようにする）**

> **○○戦略実践（誇りある○○づくり）**

～みんなの健康と誇りある○○のために、現状の業務時間を30%改善（削減）していきます～

1人ひとりが病気になっては元も子もありません。そこでまず健康確保のためにも時間を生み出します。同時に○○戦略を実現するためには時間を投入しなければなりません。

今回は30%を改善（削減）し、まず半分の15%で健康を確保し（そのために仕事の分担も見直します）、後の15%で私たちの誇りである○○実現に向けて、○○戦略を実践していきます。

目　標

> **現状業務の効率化（時間削減）　30%**

推進方針

> ①目標必達……私たちの健康と○○戦略実現のために目標は必達します。
> ②全員チャレンジ…健康確保と誇りある○○のために全員がチャレンジします。
> ③全員協力……チームのみんなが協力し合って進めていきます。

（2）これまでの経過

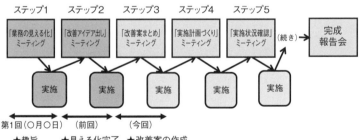

資料 4-2　改善案シート

※フォーマットを配布します。

改善着眼点メモ／改善計画明細書

No.	業務名	改善テーマ	問題点	改善内容	改善効果 現状時間	改善効果 改善時間	実施担当者	実施時期

（日本能率協会コンサルティングの資料より引用し一部変更）

資料 4-3　改善案まとめの意義と改善案シートの記述要領

＜改善案まとめの意義＞

（1）改善アイデアを改善案として完成する

①改善アイデアを有効で実施できる改善案としてまとめる。
②不安な点を点検し、手入れする。
③共通のものは統一する。

（2）目標達成を確認し、実施に備える

①改善アイデア段階ではなく、改善案として目標達成を確認する。
②改善案としてまとめることで、先々の実施に役立てる。

＜改善案シートの記述要領＞

改善着眼点メモ／改善計画明細書

業務名	改善テーマ	問題点	改善内容	改善効果		実施担当	実施時期
				現状時間	改善時間		
課内会議	課内会議の簡素化	課内会議は、課のスムーズな運営のために全員で毎週2時間開催されるが、重要な案件のないときも2時間かけているので、雑談となっていることが半分程度ある。	A案）2週間に一度とする。（重要なときは臨時開催）B案）重要な案件のない場合は30分で終えることとする。	100H	50H	○○	○月前半

・改善アイデアに対応する業務について業務体系表の名前を記述する。
・改善案が小分類単位でない場合には、中分類名などになる。

・改善案の内容を一言で要約する。
・後々、改善案の名前として便利に使えるようにするためにつける。

・「現状がなぜ改善を要するのか」について記述する。
・現状がどうなっているかを書き、また問題となる理由を記述する。そして、結果としてどういうデメリットが発生しているのか記述する。
・「○○は○○となっているが、△△なので、□□となっている」のように記述すると書きやすい。

・問題点を解消する対策を記述する。
・何を今と変えるのかがわかるように書く。
・「問題点だから改善内容」と続けて読んで納得感のあるものにする。
・1つの問題点に対して改善内容が2つ以上になる場合には推薦案を(A)案として主に記述し、次善の案については(B)案と区別して記述する。

・自己業務改善点検表に記述した業務の所要時間を記述する。
・改善によって「減る時間」を記述する。
・改善時間がどのくらいになるか判断に迷う場合には、改善内容が具体的になっているか点検し、具体化する。

・改善案を実施する担当者名を記述する。(5章で記述する)
・実施完了予定の時期を記述する。(半月単位)(5章で記述する)

資料 4-4　改善案シートの記述要領（問題点の書き方）

<**問題点の記述ポイント**>

| 的確な内容かわかるように具体的に |

　　・問題点が的を射たものかわかるように「具体的」に書く。
　　・そのためには「現状」「問題となる理由」「デメリット」を記述する⇒問題点記述の文のパターンを活用。

| 対策の裏返しにしない |

　　・「機械化されていない」のように書くと「機械化」しか思い浮かばなくなる。
　　・対策の裏返し表現にしない（→多面的に対策を考える）

| 他責（他の責任）にしない |

　　・「天候が悪いから売上が上がらない」と問題点をとらえては対策を打てない。
　　・他責（他の責任）でなく自責として問題点をとらえること（他部門がやってくれないなどにも注意）。

<**問題点記述の文のパターン**>

```
（A）「○○が○○であるが、○○なので、○○となっている」
        現状         理由      デメリット

 ～文章が長くなる場合～
（B）「現状 ：○○が○○である」
    「問題点 ：○○ゆえに、○○である」
```

<**問題点の記述例（悪い例のように書かないこと）**>

```
悪い例：○○のミスがある。
良い例：○○書類については本人が直接記入するが、
        ○○部分の記入例がないので、
        ○○のミスが毎月○件発生している。
```
```
悪い例：○○が機械化されていない。
良い例：○○業務の○部分は毎日○件発生している。
        内容的には○と○の計算部分が多いが電卓で行っているので、
        毎日○時間を要している。
```
```
悪い例：チェックが重複している。
良い例：毎週作成する○○文書は、課内の打ち合わせ用である。
        外部の人が見ることはないが、主任と担当の２人で点検しているので、
        二重に○時間かかっている。
```
```
悪い例：○○関係の資料がない。
良い例：○○関係の資料については毎週参考にしたいことが出るが、
        過去の事例がファイルに入っていないことが多いので（半分くらい）、
        参考にする際には当該資料をいろいろな人に聞いて探している。
```
```
悪い例：○○部門がやってくれない。
良い例：○○業務の○○作業は○○部門の○作業とつながっている。
        ２つは同時に行うのが早いが、分離して行っているので、
        ○時間も多くかかっている。
```

資料 4-5　改善案シートの記述要領（改善内容の書き方）

＜改善内容の記述ポイント＞

「有効か」わかるように書く

- ・有効か（問題点を解決するか）わかるためには、現状から「何をどう変えるのか」が わかるように具体的に書く。
- ・「問題点だから改善内容」と何度も読んで、デメリットを解消できるか点検する。
- ・改善効果時間の予測が読む人によって差が出ないか（客観的か）点検する。

「実現できるか」わかるように書く

- ・「実施に難しい点があるかどうか」わかるように、「何をどう変えるのか」がわかるように書く。
- ・「実施に難しい点」がある場合には、その対策を書く。

＜改善内容の記述例（注意を必要とするもの）＞

わかりにくい例	：マニュアルをつくる。
わかりやすい例	：○○部分について、新人の担当者が見ながら業務遂行できるように、記入例とその注意点を実際のフォーマットに書き込んだマニュアルをつくる。
わかりにくい例	：ファイルを整備する。資料を整備する。
わかりやすい例	：○○業務の△△関連資料について以下のように整備する。 （1）△△関連資料について最近5年間分を収集する（パソコン内に取り込む）。 （2）それらについて検索しやすいように全資料にキーワードを設定する。 （3）よく使うものについて項目別にまとめ、一覧でわかるようにする。
わかりにくい例	：○○について学ぶ。
わかりやすい例	：○○業務に関連し、ベテランが講師になって次の項目の勉強会を開催する。 （1）○○の概要　2時間　担当○○ （2）△△の方法　4時間　担当○○、△△ （3）□□の技術　2時間　担当□□ （4）☆☆の知識　2時間　担当○○ ⇒これらにより新人が○○さんレベルになる。
わかりにくい例	：期日を守ってもらう。
わかりやすい例	：○部門の人に□□資料の提出について、毎回期日前から注意喚起し期日を守ってもらう。 ・現時点で守っていない人には、期日1週間前から毎日メールし、重要性を伝える。 ・それでも提出してもらえないときは、最終日にはできるまでその場で待っている（提出してくれるまで、相手のデスク近くで待っている）。
わかりにくい例	：情報システム化する。
わかりやすい例	：○○業務の△△計算部分について、□□資料を基に△△部分を自動計算にする。 ・インプット：□□資料（○部門からエクセルデータでもらう） ・アウトプット：☆☆資料

＜改善案のルール＞

① 業務移管案は実際に減る分のみが改善効果時間（相手に移る時間は入れない）

② 派遣、外注業者に出すのはダメ（追加費用の発生しないものは可）

③ 「短時間でできるはず」はダメ（根拠があること）

④ 業務の自然減は改善ではない（自然増もある）

⑤ 費用がかかる案は改善効果時間が費用よりも大きいこと

資料 4-6　改善案シートの記述例と共通改善案

※改善案について「具体的にどう書けばよいのか」を実感を持って理解しやすいように、チームリーダーや改善スタッフの実際の例を添付してください（参考になりそうなものを選んでください）。

（1）改善案シートの記述例

改善テーマ	問題点	改善内容	改善効果
○○書類の記入例づくり	○○書類については本人が直接記入するが、○○部分についての記入例がないので、○○のミスが毎月○件発生している。	○○部分についての記入例を作成し、わかりやすくする。	○時間

改善テーマ	問題点	改善内容	改善効果
○○報告書の絞り込み	○○報告書はリーダーからのアドバイスをもらうために作成しているが、アドバイスの必要がないケースも詳しく書くので、時間をとられている。	リーダーへの報告は特にアドバイスをほしいものに絞り、他の件は簡潔に1〜2行程度にする。	○時間

改善テーマ	問題点	改善内容	改善効果
○○データ収集の協力依頼	○○データは△△に不可欠だが、現場に行き、管理者に説明し、現場の邪魔にならないように気を遣いながら収集しているので、時間がかかっている。	当初よりわかっている○○データについては、初期から現場管理者用の資料をつくり、趣旨を説明した上で収集を依頼しておく。	○時間

（2）共通改善案

※チームリーダーと改善スタッフの改善案の中から、全員に共通になると考えられる改善案についてまとめます。

改善テーマ	問題点	改善内容	改善効果
課内会議の簡素化	課内会議は、課のスムーズな運営のために全員で毎週2時間開催されるが、重要な案件のないときも2時間かけているので、雑談となっていることが半分程度ある。	A案）2週間に一度とする。（重要なときは臨時開催） B案）重要な案件のない場合は30分で終えることとする。	○時間

改善テーマ	問題点	改善内容	改善効果
残業申請の週間化	残業申請書は毎日（その都度）提出することになっているが、毎日ほぼ同じ内容を少しだけ変えて書くので、手間である。またつい書き忘れる。	残業は計画的に行う方がよく、1週間の計画で申請する方式にし、それと差が出るときには変更の申請をする方式にする。 （管理者も検討・指導しやすい）	○時間

資料5-1 これまでの経過（全員の努力で改善案立案目標を達成！）

※これまでの経過の要約例です。適宜、実際のケースに合わせて作成してください。

（1）推進計画書の要約

> **目 的**

> 残業削減（早く帰れるようにする）

> ○○戦略実践（誇りある○○づくり）

～みんなの健康と誇りある○○のために、現状の業務時間を30％改善（削減）していきます～

1人ひとりが病気になっては元も子もありません。そこでまず健康確保のためにも時間を生み出します。同時に○○戦略を実現するためには時間を投入しなければなりません。

今回は30％を改善（削減）し、まず半分の15％で健康を確保し（そのために仕事の分担も見直します）、後の15％で私たちの誇りである○○実現に向けて、○○戦略を実践していきます。

> **目 標**

> 現状業務の効率化（時間削減） 30％

> **推進方針**

> ①目標必達……私たちの健康と○○戦略実現のために目標は必達します。
> ②全員チャレンジ…健康確保と誇りある○○のために全員がチャレンジします。
> ③全員協力……チームのみんなが協力し合って進めていきます。

（2）これまでの経過

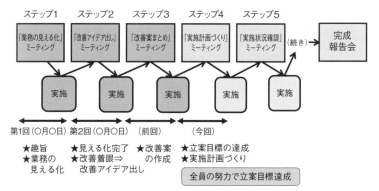

資料 5-2　改善案立案結果の報告シート例

※各人の改善案立案結果の報告シート例です。以下を参考にして準備してください。
（第 4 回ミーティングの前のヒヤリング時に説明し配布⇒各人が以下の例を参考にして当日までに作成）

（1）改善案立案結果の報告シート例

```
改善案立案結果の要約

1．現状業務
　・業務時間合計　　　時間
　・対象時間　　　　　時間
　・主要な業務
　（1）
　（2）
　（4）

2．改善案
　・改善案件数　　　　件
　・改善効果時間　　　時間

3．改善率
　・改善率 ［　　　　　］％

4．主要な改善案
　（1）
　（2）
　（3）
　（4）
```

⇒上記の項目を盛り込んだシートにしてください。

（2）主要な改善案（別紙にて準備）

・改善計画明細書もしくは同様のシートなどで上記「4」について説明用に準備してください。
（実際の帳票など内容を理解しやすいように準備してください）

（3）改善計画明細書

・改善立案した内訳資料として「改善計画明細書」は全件提出してください。

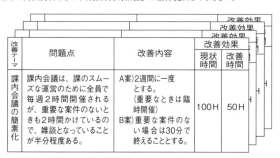

改善テーマ	問題点	改善内容	改善効果	
			現状時間	改善時間
課内会議の簡素化	課内会議は、課のスムーズな運営のために全員で毎週2時間開催されるが、重要な案件のないときも2時間かけているので、雑談となっていることが半分程度ある。	A案）2週間に一度とする。（重要なときは臨時開催）B案）重要な案件のない場合は30分で終えることとする。	100H	50H

資料 5-3　実施計画づくり

※みんなの努力で目標達成した改善案を以下の要領で実施計画として充実させて実施し、実際にラクになっていきましょう。

（1）実施担当と実施時期の決定

改善テーマ	問題点	改善内容	改善効果		実施担当	実施時期
			現状時間	改善時間		
△△表のフォーマットの改訂	△△表は○○のために作成しているが、この中の □□部分が記述方式なので、時間がかかる上に誤記もあり、その点検と修正に時間がかかっている。	△△表のフォーマットを改訂し、チェック方式を主にする。	100H	50H	○○	○月前半

実施担当、実施時期を決める

（2）詳細実施事項のリストアップ

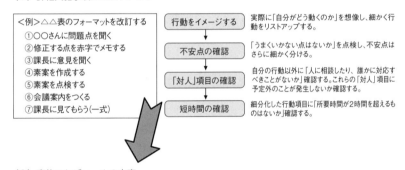

<例>△△表のフォーマットを改訂する
①○○さんに問題点を聞く
②修正する点を赤字でメモする
③課長に意見を聞く
④素案を作成する
⑤素案を点検する
⑥会議案内をつくる
⑦課長に見てもらう（一式）

行動をイメージする　実際に「自分がどう動くのか」を想像し、細かく行動をリストアップする。

不安点の確認　「うまくいかない点はないか」を点検し、不安点はさらに細かく分ける。

「対人」項目の確認　自分の行動以外に「人に相談したり、誰かに対応すべきことがないか」確認する。これらの「対人」項目に予定外のことが発生しないか確認する。

短時間の確認　細分化した行動項目に「所要時間が2時間を超えるものはないか」確認する。

（3）実施スケジュールの立案

実施スケジュール表 <実施事項>																	氏名	
○月	予定	7	8	9	10	11	12	1	2	3	4	5	6	7	8	9	10	
1（月）																		
2（火）							○○さんに聞く				修正点のメモ							
3（水）			課長に聞く															
4（木）																		
5（金）		～以下：略～																
6（土）																		
7（日）																		
8（月）																		
9（火）																		
10（水）																		
11（木）																		
12（金）																		
13（土）																		
14（日）																		
15（月）																		
16（火）																		

●遅れないためには、後半にゆとりを持てるように、前倒しで日程を組む。

●重要な節目となる行事（マイルストーン）の日程を早いタイミングに設定する（会議などの逃げられない行事を決める）。

●2週間分は時刻単位でスケジュールを立案する。

資料 5-4　詳細実施事項の例

※みんなが実感を持ちやすいように実際の例が望ましいです。

＜例１＞△△の記入要領を追加する

①△△の間違いケースを確認する

②記入要領の追加範囲を確認する

③素案をつくる

④○○さん、□□さん、に聞く

⑤素案の修正

⑥関係者を集める（会議の案内を出す）

⑦新しい記入要領を説明する

⑧問題がないか点検する（数名に聞く）

＜例２＞××の廃止

①廃止の旨の説明文をつくる

②同上を管理者に見てもらう

③関係者を集める

④趣旨の説明を行う（この日より廃止とする）

⑤欠席者にフォローする

＜例３＞□□の ICT 化（部署内実施）

①パソコンの画面案（含む計算式）をつくる

②実際に先月のデータを入れてみる

③計算結果の確認

④アウトプットの様式が良いか管理者と打ち合わせる

⑤使い方のマニュアルをつくる

資料 5-5 スケジュール表のフォーマット

※次のようなスケジュール表のフォーマットを配布しましょう。

＜時刻入り計画表の例＞

実施スケジュール表

＜実施事項＞   氏名

○月	予定	7	8	9	10	11	12	1	2	3	4	5	6	7	8	9	10
1（月）																	
2（火）																	
3（水）																	
4（木）																	
5（金）																	
⑥（土）																	
⑦（日）																	
8（月）																	
9（火）																	
10（水）																	
11（木）																	
12（金）																	
⑬（土）																	
⑭（日）																	
15（月）																	
16（火）																	

⇒実際の日程に合わせた表を準備してください。

資料 6-1 これまでの経過

※これまでの経過の要約例です。適宜、実際のケースに合わせて作成してください。

（1）推進計画書の要約

目 的

> 残業削減（早く帰れるようにする）

> ○○戦略実践（誇りある○○づくり）

～みんなの健康と誇りある○○のために、現状の業務時間を30%改善（削減）していきます～

1人ひとりが病気になっては元も子もありません。そこでまず健康確保のためにも時間を生み出します。同時に○○戦略を実現するためには時間を投入しなければなりません。

今回は30%を改善（削減）し、まず半分の15%で健康を確保し（そのために仕事の分担も見直します）、後の15%で私たちの誇りである○○実現に向けて、○○戦略を実践していきます。

目 標

> 現状業務の効率化（時間削減） **30%**

推進方針

> ①目標必達……私たちの健康と○○戦略実現のために目標は必達します。
> ②全員チャレンジ…健康確保と誇りある○○のために全員がチャレンジします。
> ③全員協力……チームのみんなが協力し合って進めていきます。

（2）これまでの経過

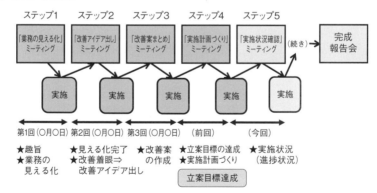

資料 6-1　これまでの経過（つづき）

（3）改善案立案結果と実施計画

①改善案立案結果

◆対象時間：　　　　　　　　時間
◆改善効果時間：　　　　　　時間（1 人当たり　　　時間）
◆改善率：　　　　　　　　　％
◆改善案件数：　　　　　　　件（1 人当たり　件）

②実施計画と進捗状況

件数	○月前半	○月後半	◇月前半	◇月後半	□月前半	□月後半	合計
計画	件	件	件	件	件	件	件
実績	件	件	件	件	件	件	件
達成率	％	％	％	％	％	％	％
全体進捗度	％	％	％	％	％	％	％

時間	○月前半	○月後半	◇月前半	◇月後半	□月前半	□月後半	合計
計画	H	H	H	H	H	H	H
実績	H	H	H	H	H	H	H
達成率	％	％	％	％	％	％	％
30％進捗度	％	％	％	％	％	％	％

（30％進捗度は、これまでの累計改善効果時間（実施済）÷対象時間）

資料 6-2　実施状況確認ミーティングの進め方と運営のルール

※例です。適宜、チームメンバーの意識などを勘案し、表現など工夫してください。

実施状況確認ミーティングの趣旨

- ●実施活動に区切りを持ち、リズムをつくる
- ●全員で状況を確認し合い、困ったことがあれば協力し合う

実施状況確認ミーティングの進め方

メンバーからの状況報告・相談

↓

全員がアドバイス

運営のルール

- ●アドバイスであり、批判厳禁
- ●自分のこととして聞き、全員が協力（全員でチームの業務を改善する）
- ●質問は可だが、アドバイスを忘れないようにする

資料6-3 「実施遅れ」分析シート

※実施遅れがあったとき用に準備しておいてください。

「実施遅れ」分析シート

テーマ名 ＿＿＿＿＿＿＿＿　　　氏名 ＿＿＿＿＿＿＿

No.	実施予定の内訳 （具体的な項目、内容）	遅れている内容・理由 （具体的に記入）	今後行うこと （期日を明記する）

「実施遅れ」分析シートの記述例

テーマ名　来客予定表の改善　　　氏名　○○　○○

No.	実施予定の内訳 （具体的な項目、内容）	遅れている内容・理由 （具体的に記入）	今後行うこと （期日を明記する）
	営業担当者への説明会が遅れた。 ・来客のデータ集め ・データの集計と分析 ・説明資料作成 ・同上の点検 ・課長打ち合わせ ・会場確保 ・日程連絡 ・説明会開催 ※1ヵ月分データを取ったが、期間が短いとの話があり、全員への説明会を持てていない。 （略）	・課長打ち合わせ時に「データが少ない」との話から、進展していない。 ・データ数よりも「営業担当者に嫌がられる」との気持ちがある。 （略）	→データを2ヵ月分にする。 （○月○日） →親しい営業担当者に相談する（○○さん、○日）。 →上司に協力を依頼する。 （○月○日）

資料 6-4　完成報告会の報告シートの例

※下記のようなフォーマットを参考に資料を準備してください。

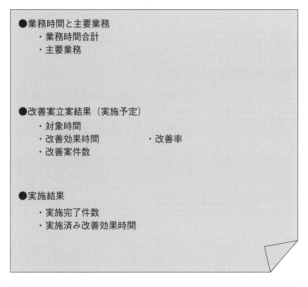

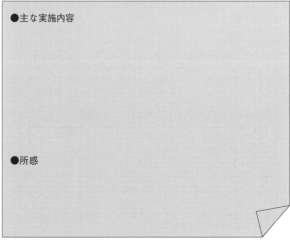

資料6-5　完成報告会の事務局準備資料（これまでの経過）

※下記のような経過資料を準備してください。

目　的

残業削減（早く帰れるようにする）

○○戦略実践（誇りある○○づくり）

～みんなの健康と誇りある○○のために、現状の業務時間を30%改善（削減）していきます～

1人ひとりが病気になっては元も子もありません。そこでまず健康確保のためにも時間を生み出します。同時に○○戦略を実現するためには時間を投入しなければなりません。

今回は30%を改善（削減）し、まず半分の15%で健康を確保し（そのために仕事の分担も見直します）、後の15%で私たちの誇りである○○実現に向けて、○○戦略を実践していきます。

目　標

現状業務の効率化（時間削減）　30%

推進方針

①目標必達……私たちの健康と○○戦略実現のために目標は必達します。
②全員チャレンジ…健康確保と誇りある○○のために全員がチャレンジします。
③全員協力……チームのみんなが協力し合って進めていきます。

経　過

①第1回（○月○日）‥‥ 推進計画書の説明、業務の見える化の説明⇒自己業務改善点検表
②第2回（○月○日）‥‥ 見える化の全員期日完成、改善着眼の説明⇒改善アイデア探し
③第3回（○月○日）‥‥ 改善案のまとめ方、改善案シートの記述要領⇒改善案シートの記述
④第4回（○月○日）‥‥ ○○%で改善案立案の目標達成、実施計画のつくり方⇒実施計画づくり

⇒改善案立案目標の達成！
　全改善案件数○○件
　全改善効果時間○○時間÷対象時間○○○時間
　改善案立案%＝○○%
⇒引き続き、実施していくことで合意

⑤第5回（○月○日）‥‥ 実施状況確認ミーティング（達成率○%、進捗度○%）
⑥第6回（○月○日）‥‥ 実施状況確認ミーティング（達成率○%、進捗度○%）
⑦第7回（○月○日）‥‥ 実施状況確認ミーティング（達成率○%、進捗度○%）
⑧今回（○月○日）‥‥‥ 完成報告会(実施結果の全員報告)

おわりに

　本書は、41 年間業務改善をメインテーマにコンサルティングを実践してきた内容を多くの人に伝えたいとの思いから、全社的に取り組むのは大変なことが多いため、何とかチーム（職場）で行えるようにと考え、まとめたものです。それは多くの実績ある内容ですが、チーム単独で行うのは、全社的（コンサルタントが参加）に行う場合に比べ、「強い体制」がない分大変です。

　そこで業務改善のステップを区切り、「準備、ミーティング、フォロー活動」という形で、「みんながミーティングの場で実習し、できることを確認する」方式にしました。これで間違いなくある程度は進むのですが、目標まで改善案を見つけるには、みんなが「何としてもやろう」との思いで改善着眼を何度も当てはめることが鍵になります。

　長年の業務改善活動を通じて、みんなの意欲が揃うと素晴らしい力（改善力）が発揮できると実感しております。ぜひチームの素晴らしい仲間と気持ちをそろえ成功されることを願っております（なお、実施する際の悩み・質問・疑問点などがありましたら、巻末の連絡先までお問い合わせください。みなさまの業務改善活動が成功できるように、できる限りお答えさえていただきます）。

　本書巻末の付録の中の帳票フォーマットは、筆者が 27 年間勤務させていただきました日本能率協会コンサルティグのご配慮により活用させていただいています。フォーマットの著作権は日本能率協会コンサルティングのものであり、ご厚意に深く感謝いたします。

　そして日本能率協会コンサルティングの服部明様（元社長）はじめ多くの先輩方によるご指導のおかげで、これまで業務改善を研究してくることができました。深く感謝いたします。同時に改善の進め方などはコンサルタントが独自に開発できるものではなく、クライアントの皆様と

の実践の場でヒントが話し合われ、その芽が生まれるものです。ここにクライアントの皆様方にも深く感謝いたします。また本書を編集いただきました産業能率大学出版部の坂本清隆氏にも深く感謝いたします。

　なお、既存の書籍になっている部分につきましては、日本能率協会コンサルティングの研修テキストも含め、できる限り出所を示させていただきましたが、浅学のための理解不足や漏れなどがあるかもしれません。不備な点（内容の疑問点も含め）などありましたら、お手数ですがご連絡いただければ幸いです（巻末連絡先）。

　末筆になりましたが、仕事ばかりにもかかわらずいつも支えてくれている妻に心より感謝いたします。

　本書が働く人の、チームの、生産性向上に少しでも多く役立つことを心より願っております。

2020 年 2 月　中田崇

著者略歴

中田　崇 （なかた　たかし）

アスク経営研究所代表、経営コンサルタント。名古屋工業大学大学院（経営工学専攻）を修了し、日本能率協会にコンサルタントとして入職。業務改善、ホワイトカラー生産性向上をメインテーマに、一貫して41年間この分野の改革・改善を実践する。2006年より独立。日本経営工学会会員。著書は『ビジネス会議の効率化』（共著、日本能率協会、1982年）、『ペーパーレスオフィス』（共著、日本能率協会、1987年）、『自分を高める仕事改善術』（産業能率大学出版部、2011年）、『"ペア"で推進3カ月で成果を出す 業務改善の実践書』（産業能率大学出版部、2015年）、『ホワイトカラーの業務改善』（日本能率協会マネジメントセンター、2017年）。ほか論文など多数。

〔連絡先〕
アスク経営研究所　中田 崇（Email：asc_nakata@ybb.ne.jp）

30％効率アップ！
チームで取り組む業務改善マニュアル　〈検印廃止〉

著　者	中田 崇	
発行者	杉浦 斉	
発行所	産業能率大学出版部	
	東京都世田谷区等々力 6-39-15　〒158-8630	
	（電話）03（6432）2536	
	（FAX）03（6432）2537	
	（振替口座）00100-2-112912	

2020年 4月15日　初版1刷発行

印刷所　日経印刷　製本所　日経印刷

（落丁・乱丁はお取り替えいたします）　　　　　ISBN 978-4-382-05784-5
無断転載禁止